Hijos:
Prevención de riesgos

Javier Urra

Hijos:
Prevención de riesgos

Desclée De Brouwer

© 2024, EDITORIAL DESCLÉE DE BROUWER S. A.
Henao, 6 - 48009 Bilbao
www.edesclee.com
info@edesclee.com

Impreso en España – Printed in Spain
ISBN: 978-84-330-3283-6
Depósito Legal: BI-01459-2024
Impresión: Itxaropena S. A. - Zarautz

Índice

Prólogo

M.ª Paz García Vera

Tengo entre mis manos la última obra de Javier Urra que, inmerecidamente, me ha pedido prologar. Mi primera sensación es que poseo *una extraña brújula*. Lo escribo en cursiva con toda intención: no hay aquí aguja imantada que busca el norte magnético; pero estas páginas se parecen bastante – o, mejor dicho, funcionan- como si de un artefacto de orientación se tratase. Tampoco tenemos el conocido anillo giratorio ni la plataforma metálica de soporte; pero sí contamos con una cuidadosa edición asumida por la editorial Desclée De Brouwer, empresa familiar fundada en Bilbao en 1944, que lleva más de 70 años difundiendo valores y apostando por la Psicología, la autoayuda o la pedagogía, etc. Entonces, no es una brújula para navegantes o exploradores; pero sí es una guía para entender, ayudar y convivir con seres humanos que ocuparán siempre un privilegiado lugar en los afectos y preocupaciones de quienes le engendraron. Los hijos *son –y somos–* una condición que no caduca, un desvelo para quienes nos aman y un reto para quienes nos educan. También *son –y somos–* una realidad compleja y difícil porque, como diría nuestro siempre Federico García Lorca, *"tener un hijo es no tener un ramo de rosas"*. Sin embargo, como madre debo confesar, que nada es en el mundo tan grande, tan bonito, tan importante y con tanta transcendencia, como ser mamá.

Javier –me permito llamarle por su nombre de pila, por los muchos afectos que nos unen– ha escogido un título que es toda una declaración de intenciones. Quienes lo hallen en librerías o en las ya tan populares ventas *on-line* sabrán al instante –con solo cuatro palabras y un signo de puntuación– lo que les espera. Esto, créanme, no solo es un acierto para la divulgación de la obra, sino que despierta rápidamente el interés por descubrir su contenido, su estructura, sus reflexiones y conecta desde el principio con quien navega por sus páginas. Todos y todas, de una manera u otra, hemos experimentado la complejidad que significa *ser y tener* hijos. El viaje que se nos propone resulta tentador y desafiante. Las contingencias físicas, sociales o psicológicas de la vida cotidiana pueden evitarse o disminuir sus efectos más nocivos si somos capaces de prepararnos con antelación. Entonces, la clave está en la prevención. Dicho así parece una tesis incontestable y asumible. Lo verdaderamente difícil es ejecutarlo. Y aquí nos encontramos quizá con uno de los aciertos más significativos del libro: el retrato realista, minucioso y documentado de los riesgos que existen en la sociedad y que pueden afectar (y afectan) a los hijos. La obra es, en puridad, un sintético y exhaustivo recorrido por situaciones tan diversas como objetivas, tan actuales como reconocibles y preocupantes.

Si el titulo escogido ya es un acierto, el detallado sumario merece otro aplauso. Ha situado los diferentes riesgos en una suerte de enumeración o listado que permite localizar la eventualidad que más interesa o preocupa. Esto provoca que la obra seduzca por las múltiples situaciones que aborda y por la revelación de los síntomas o señales (psicológicos, motores, fisiológicos, etc.) que las caracterizan. El lenguaje utilizado ayuda y favorece la comprensión. Javier es un *psicólogo de raza* –por darles solo un dato: ostenta la Medalla número 11 de la Academia de Psicología de España–, tiene un dominio impresionante de los términos técnicos, los maneja con soltura y exactitud; pero es muy consciente del tipo de obra que ha escrito y del destinatario escogido para sus reflexiones. Por eso, es capaz de hallar un sendero seguro donde cohabitan –con admirable naturalidad– las nomenclaturas científicas con la sencillez de la cotidianeidad (véase, por ejemplo, la tipología de padres sobreprotectores: padres *helicópteros, apisonadores, mayordomos o guardaespaldas*). Ese desenfado atrapa, también, cuando acude a datos estadísticos, porcentajes, a citas legales o de la doctrina especializada. No me extraña nada su logro: además de ser un Psicólogo clínico con vasta experiencia y una práctica profesional intensa y comprometida (acreedor de premios, medallas y reconocimientos) es un comunicador excepcional. La Psicología española no se cansará nunca de agradecerle sus intervenciones y la puesta en valor que hace de nuestra ciencia. Él ha hecho de las cámaras, los micrófonos y las tertulias sus aliados y fieles cómplices en el arte de divulgar el conocimiento y hasta en la difícil tarea de convencer.

Y escribo *convencer* –sin arrepentirme– porque, con su sobriedad navarra hace que sus reflexiones se instalen en quienes le escuchan sin imposiciones ni aspavientos. Tampoco sus intervenciones ni escritos inducen a recelos ni desconfianza. Todo esto lo logra, también, en las páginas que aquí les comento.

Aunque la obra utilice el vocablo «hijos» e impresione que solo incumbe a quienes ejerzan la función paterna o materna, tiene unos destinatarios mucho más amplios. Es un libro que atañe a toda la familia y a toda la sociedad. Podría justificarlo con aquello que nos sentencia el sabio refranero español de que "*a quien Dios no da hijos, el diablo le da sobrinos*" o por las expresas referencias al rol de los abuelos y abuelas; pero creo que compartirán conmigo que los riesgos que aquí se describen tienen que ser gestionados por actores más amplios. Se realiza una invocación a la responsabilidad colectiva, compartida por protagonistas que no son necesariamente integrantes de la familia nuclear. Aquí merece que recordemos a Nelson Mandela cuando sentenció "*Nada dice más del alma de una sociedad que la forma en que trata a sus hijos*".

Pero para mí, de los mayores valores que atesora este libro, es el de quien lo escribe, nuestro querido Javier Urra.

Me quedaría tan solo invitar a la lectura; pero es un trámite innecesario: estoy convencida que el lector *beberá* estas páginas con enorme interés y esmerado provecho. Por eso aprovecho este momento final para agradecer a Javier Urra que me permitiera unir mis letras al último de sus «*hijos intelectuales*». Escribir esta introducción ha sido un reto porque, estamos ante una obra que se presenta por si sola. Un libro necesario, actual y comprometido. Gracias, Javier.

Madrid, octubre 2024
María Paz García-Vera

1
Adicciones con y sin sustancia

Según la RAE, adicción es la dependencia de sustancias o actividades nocivas para la salud o el equilibrio psíquico.

Por su parte, la Organización Mundial de la Salud (OMS) la define como una enfermedad física y psicoemocional que crea una dependencia o necesidad hacia una sustancia, actividad o relación.

En la última versión del CIE-11 (Clasificación Internacional de Enfermedades) se recogen patologías como los «Trastornos mentales del comportamiento y del neurodesarrollo» y dentro de ellos encontramos los «trastornos debidos al uso de sustancias o conductas adictivas», que definen como trastornos mentales y de conducta que se desarrollan como resultado del uso de sustancias predominantemente psicoactivas, incluidos medicamentos, o conductas específicas repetitivas que recompensan y producen dependencia aunque no tengan un componente tóxico.

Los esfuerzos de prevención y los enfoques de tratamiento para la adicción son generalmente tan exitosos como los de otras enfermedades crónicas.

Por lo tanto, podemos decir que la adicción es un intento defensivo y de regulación contra determinadas deficiencias e insuficiencias tanto de la estructura emocional como de la relacional. Estas conductas ponen de manifiesto la existencia de dificultades importantes en la urdimbre de la personalidad.

Algunos datos

Según el Ministerio de Sanidad, en el Informe 2022 del Observatorio Español de las Drogas y las Adicciones: alcohol, tabaco y drogas ilegales en España, el tabaco y el alcohol son las drogas más consumidas en la población de 15 a 64 años, junto con los hipnosedantes con o sin receta, seguidos del cannabis y la cocaína.

Las prevalencias de consumo son mayores en los hombres y en el grupo de 15 a 34 años, salvo en el caso de los hipnosedantes y los analgésicos opioides, que se dan más en mujeres y grupos de edad más avanzada.

La droga de más fácil adquisición es el cannabis, el 56,9% piensa que es muy fácil conseguirla.

En cuanto a la obtención sin receta de hipnosedantes y analgésicos opioides, el 27,9% y el 26,0%, respectivamente, cree que podría conseguirlos fácil o muy fácilmente en 24 horas.

La cocaína se mantiene como la droga que mayor número de ingresos causó (46,8% del total), seguida del cannabis (27,8%) y de los opioides (19,2%). Sin embargo, en el caso de las personas menores de edad, la droga mayoritaria es el cannabis (93,7% del total).

Las sustancias que se inician a consumir a una edad más temprana son el tabaco y el alcohol, seguidos del cannabis.

La edad media de inicio en el consumo se sitúa entre los 14 y los 16 años y las prevalencias de consumo aumentan con la edad.

En cuanto a las adicciones comportamentales, según la Encuesta EDADES 2022, el juego con dinero es la más extendida. El 1,7% de la población de 15 a 64 años realizaría un posible juego problemático y el 0,4% presentaría un posible trastorno del juego.

En cuanto al uso compulsivo de internet, el 3,5%, de la población de 15 a 64 años ha realizado un posible uso compulsivo de internet. Este valor apenas presenta diferencias por sexo y se observa un leve descenso a lo detectado en 2020 (3,7%).

Cómo se produce una adicción

Tenemos tendencia a repetir todo aquello que nos gusta, por sentido común, pero también porque la biología nos lo facilita. En la repetición de una conducta placentera está la base de la adicción (Rodríguez Molinero, 2020).

El *sistema de recompensa* es el mecanismo por el cual el cerebro actúa para conseguir algo placentero. Desear, tener proyectos, actuar y conseguir cosas forma parte de la salud y del bienestar. El sistema de recompensa es la base biológica de estos mecanismos (Rodríguez Molinero, 2020).

Al tomar drogas, por ejemplo, cambiamos el cerebro y hacemos que esas conductas se perpetúen y nos exijan que consumamos para obtener placer. En el caso de las conductas, al repetirlas excesivamente, los que producen cambios en el sistema de recompensa serán los neurotransmisores y las hormonas.

En los adolescentes, y debido a las conexiones con receptores hormonales gonadales, lo que se produce es un desequilibrio entre las áreas del conocimiento (prefrontal) y las áreas de las emociones y motivaciones (mesolímbico). En el cerebro del adolescente, la estimulación del circuito límbico por conductas (como comer, beber, las prácticas sexuales, el consumo de drogas o ciertas prácticas sociales...) es capaz de producir cambios permanentes, que no se producirían en el cerebro del adulto (Rodríguez Molinero, 2020).

La tendencia a repetir aquello que nos gusta (vamos a utilizar las palabras adicción, compulsión o bajo control de impulsos como sinónimos, aunque tengan diferencias conceptuales) se encuentra en los circuitos de recompensa. Pero no todos los que buscan el placer se hacen adictos. Son las personalidades adictivas las más proclives a las adicciones. Ahora se sabe que en las conductas adictivas están alteradas algunas conexiones del circuito mesolímbico. Esto justifica que algunas conductas perjudiciales para la salud sean permitidas por el cerebro al estar alteradas las conexiones mesolímbicas, lo que hace que desaparezca el control prefrontal de la conducta (Rodríguez Molinero, 2020).

No hay una causa única que desencadene la adicción, sino un grupo de factores que interaccionan. Factores entre los que nos encontramos (Unidad de Conductas Adictivas de Clinic Barcelona, 2019):

- **Genéticos:** La vulnerabilidad de una persona a desarrollar la adicción es de origen genético.
- **Ambientales:**
  - Cuanto antes se inicia el consumo de una droga en la vida de una persona, y también cuanta más cantidad se toma, mayor riesgo hay de desarrollar una adicción.
  - Lo mismo ocurre con las conductas.
  - Presión del grupo de iguales.
  - Accesibilidad
- **Psicosociales:**
  - Determinados rasgos de personalidad o maneras de ser (la impulsividad o la tendencia a buscar nuevas sensaciones).
  - Presencia de una enfermedad mental.
  - Falta de motivación u objetivos.
  - Vivencias traumáticas
  - Fracaso escolar
  - Violencia familiar

Señales para detectar una adicción

Aunque la adolescencia es una época de cambios emocionales, físicos y comportamentales, hay algunas señales que nos pueden alertar y a las que tendremos que estar atentos para poder atajar el problema:

- Cambios en el comportamiento
  - Aislamiento social y físico (se aísla de los amigos, o en su habitación)

- Cambios bruscos de humor
- Desinterés en sus aficiones
- Mentiras
- Absentismo y disminución del rendimiento escolar
- Desmotivación
- Pérdida de memoria y concentración
- Elusión de responsabilidades
- Petición frecuente de dinero sin una razón aparente
- Desaparición de objetos personales, familiares, o medicamentos

• Cambios físicos
  - Cambio en el cuidado y aseo personal teniendo una apariencia descuidada.
  - Trastornos del sueño con insomnio y/o pesadillas
  - Pérdida de peso o apetito excesivo.
  - Olores distintos en la ropa o marcas de agujas en el cuerpo, moratones...

• Cambios en las relaciones
  - Conflictos con la familia
  - Disminución de la comunicación verbal y afectiva
  - Empobrecimiento del vocabulario
  - Amistades sospechosas

Adicciones con sustancia

La motivación y la susceptibilidad psicológica a la droga varían mucho según las personas. Los diversos estadios evolutivos y de desarrollo conforman una personalidad que, en interacción con factores sociales y familiares, puede ser o no receptiva a la droga.

El joven, cuando se hace drogadicto, generalmente no tiene ninguna estructura psicopatológica. Suelen ser los que huyen de la cruda realidad de la vida diaria los que persiguen una experiencia más profunda.

Son muchos los niños que a corta edad (incluso a los 13 años) consumen los fines de semana cantidades ingentes de alcohol, en ocasiones de más de 20 grados, que se junta con el consumo de «pastillas», lo que ocasiona puntualmente reyertas, en otros casos embarazos no deseados y en algunos, accidentes de tráfico. La presión para beber, para sentirse adulto, para evadirse de la realidad es poderosísima.

El consumo se da en todas las clases sociales, unos solo entran en contacto con las drogas, otros las prueban temporalmente y algunos se hacen consumidores habituales.

El patrón dominante de consumo de drogas sigue siendo experimental, ocasional, vinculado al ocio y al fin de semana. En la actualidad se trata de un drogadicto joven, grupal y politoxicómano (lo que le confiere mayor prestigio) e inmerso en corrientes contraculturales.

Algunos factores personales incidentes son la edad (temprana), rasgos de personalidad con baja autoestima, baja asertividad, falta de habilidades comunicativas, poca tolerancia a la frustración, necesidad de aprobación social, falta de autonomía con respecto al grupo, dificultad para manejar el estrés, falta de habilidad para resolver problemas, información errónea sobre las drogas y ociosidad mal canalizada.

Es cierto que los adolescentes se orientan a la experimentación de sí mismos, de sus propias posibilidades, en la búsqueda del placer y de la gratificación, pero la droga nada puede hacer contra una personalidad madura y estable. Así lo confirman distintas investigaciones y la realidad de todos los que las abandonan cuando han satisfecho su curiosidad, cuando el reclamo de «lo nuevo» deja de serlo.

En la familia deben existir normas que regulen la convivencia, creando a la vez un clima de afecto. Si esto no es así, si los hijos crecen sin disciplina, o con exceso de ella, se hará más complicado controlar su conducta, lo que llevará a facilitar el consumo de drogas.

Si además existe una baja cohesión familiar, es decir, que no hacen cosas juntos, no comparten tiempo y espacio, no tienen una buena seguridad afectiva, no existe una comunicación fluida, la posibilidad de consumir drogas es mayor.

Otro factor a tener en cuenta es que en el propio hogar se consuma droga. No debemos olvidar que los niños aprenden del comportamiento de otras personas, de lo que observan.

Pueden surgir además dificultades de aprendizaje o fracasos escolares, en algunos casos incluso con una escolaridad demasiado prolongada. Necesitarán un terapeuta y el sustituto que tienen más a mano es la droga.

La necesidad de socialización, la falta de relaciones interpersonales y el miedo a la soledad, conducen a la búsqueda del grupo, para pertenecer a él, para ser aceptado. En ocasiones, este es un grupo de droga, que les invita a experimentar con lo desconocido, a satisfacer la curiosidad sobre los efectos de estas sustancias, a tener vivencias emocionantes o peligrosas, o a utilizarlas como medio de escape, como forma de evadirse de los problemas reales.

Otro factor a tener en cuenta es la disponibilidad de las drogas. Cuantas más sustancias haya disponibles y más fácil sea su accesibilidad, mayor será el consumo que hagan los jóvenes de ellas. Esto pasa sobre todo con el alcohol y el tabaco.

El test de Tennant comprueba si el adolescente está fumando hachís o marihuana. Consiste en preguntar al joven lo que hizo hora a hora el día anterior. Si han perdido su acetilcolina (efecto del consumo) no lo sabrán, no podrán recordar. Su memoria a corto plazo nos orientará sobre su estado.

No resulta fácil explicar por qué el ser humano consume drogas, entre las que podemos incluir el tabaco y el alcohol.

Quizás el ser humano no tiene ontológicamente respuesta para sus preguntas más profundas y ante el abismo de la nada busca parches, consuelos, aunque sean efímeros, temporales. Son atajos para no afrontar la muerte, para no ser conscientes de nuestra realidad, para confundir la realidad con lo imaginado.

Haremos bien en aportar naturaleza, tertulia, arte y belleza, deporte, como antídotos de esos puntos de fuga que son los consumos, ya sea de compras, de juego, o de droga.

Sustancias que más consumen los adolescentes

Alcohol

El alcohol sigue siendo la sustancia psicoactiva más consumida. El 73,6% ha consumido alcohol en los últimos 12 meses, el 56,6% en los últimos 30 días y el 1,5% diariamente en los últimos 30 días.

Según el estudio ESTUDES 2023, la edad de inicio en el consumo de alcohol en los estudiantes de 12-13 años es algo más precoz entre los chicos, situándose en los 11 años, que entre las chicas, a los 11,4 años de media. Para ambos grupos, la edad media de inicio en el consumo de alcohol semanal se retrasa 0,5 años de media respecto al momento en que probaron esta sustancia por primera vez. Entre los de 14 a 18 años, la edad media de inicio del consumo de alcohol se sitúa en chicos y chicas en los 13,9 años.

Gastar poco y desinhibirse pronto, ese es el objetivo de algunos jóvenes el fin de semana. Botellas de marca en la calle o en locales atiborrados a veces con envases de vidrio que han sido rellenados de “garrafón”, con música ensordecedora y horarios antinaturales. Y no nos confundamos, nada tienen que ver unos jóvenes que salen a tomar unas cervezas y a charlar tras jugar un partido de algún deporte con los crápulas de la noche que mezclan y beben de forma compulsiva.

Hay bebidas fermentadas como la cerveza, la sidra y el vino cuya graduación alcohólica oscila entre los 4 grados y los 12 grados, y bebidas destiladas con mayor concentración de alcohol como el vodka, la ginebra o el ron, que oscilan entre los 40 y los 50 grados.

El alcohol produce desinhibición conductual y emocional, euforia, relajación, dificultades para hablar, para asociar ideas, descoordinación motora...

Según la cantidad presente en la sangre, puede llegar a un estado de embriaguez (1,5 g/l), de coma (4 g/l) y de muerte por parálisis de los centros respiratorios y vasomotores (5 g/l).

Algunos adolescentes en pleno crecimiento físico y emocional se ahogan en alcohol.

En ocasiones, la relación del grupo se agota en el rito de ingesta de alcohol, el consumo se convierte en compulsivo, no se bebe por placer. El alcohol se ingiere como cohesión, como vínculo social. Las borracheras son casi buscadas como muestra de pertenencia al grupo de iguales. Se bebe en los bares, en las discotecas, en las fiestas y en la calle (botellón) durante el fin de semana.

Los horarios ilógicos de ocio juvenil los impelen al consumo de bebidas de alta graduación, aunque los denominados jóvenes-adultos, de 20 a 30 años, se inclinan más por bebidas de menos graduación.

Además de una intensa dependencia psicológica, su abuso regular puede provocar pérdida de memoria, dificultades cognitivas o demencia alcohólica. Y en el plano orgánico, gastritis, úlcera gastroduodenal, cirrosis hepática, cardiopatías, tolerancia y dependencia física, con su síndrome de abstinencia que puede desembocar en un *delirium tremens*.

El *binge drinking*, o consumir alcohol "en atracón", produce intoxicaciones y puede provocar tolerancia al alcohol. Las investigaciones científicas que se están realizando sugieren que este patrón de consumo podría desencadenar alteraciones cerebrales irreversibles, sobre todo en el caso de los adolescentes (Plan Nacional de Drogas, Ministerio de Sanidad).

Los jóvenes no creen estar en peligro, dicen «yo controlo». Se equivocan. Lo preocupante es no ser consciente, desresponsabilizarse, no llevar la vida en los propios brazos. Hoy algunos jóvenes no salen a divertirse y beben, sino que beben para divertirse.

Bebidas energéticas

Una moda peligrosa es el consumo por los adolescentes de bebidas energéticas, cócteles de sustancias estimulantes y de azúcares. Las mezclan con alcohol cuando salen de fiesta, también para rendir más en el gimnasio o para sentirse con más energía.

El 48% de los adolescentes entre 14 y 18 años afirma que consume con frecuencia este tipo de bebidas energéticas, que contienen grandes cantidades de estimulantes como la cafeína y la taurina, y que pueden provocar taquicardias e hiperexcitabilidad. Se aprecian alteraciones del sueño, ansiedad, irritabilidad y arritmias cardíacas. Además, pueden producir adicción.

Es necesario regular su venta y utilizar un etiquetado que informe de los riesgos, entre otros el del consumo simultaneo de un estimulante del sistema nervioso y de un depresor del mismo, como es el alcohol.

Lo sano es beber agua y, en el caso de los deportistas, bebidas isotónicas para hidratarse y recuperar las sales minerales que se pierden durante el ejercicio.

Tabaco

Es una droga estimulante del Sistema Nervioso Central. Es la nicotina la que tiene gran parte de la carga adictiva.

En 2023, el 33,4% de los estudiantes de entre 14 y 18 años indica que ha fumado tabaco alguna vez en su vida, reduciéndose esta proporción hasta el 27,7% para el consumo en los últimos 12 meses, y hasta el 21,0% para el plazo temporal de los últimos 30 días. La edad media de inicio se sitúa entre los 14,6 y los 16,7 años. Pero sí se ha observado una caída en el consumo de tabaco (ESTUDES 2023).

Se consume en busca de algunos efectos como la relajación y la sensación de mayor concentración, y orgánicamente produce disminución de la capacidad pulmonar, fatiga prematura, merma los sentidos del gusto y del olfato, envejecimiento prematuro de la piel de la cara, mal aliento, color amarillento en dedos y dientes, tos.

Conlleva una dependencia psicológica, reacciones de ansiedad y depresión consecuentes a la dificultad de dejar el tabaco.

Entre los riesgos sanitarios se encuentran faringitis y laringitis, dificultades respiratorias, tos y expectoraciones, úlcera gástrica, cáncer pulmonar, cáncer de boca, esófago, riñón y vejiga, bronquitis y cardiopatías.

Quizás un día descubramos a nuestro hijo fumando y nos explique que es un hecho puntual. Hablemos seriamente, hagámosle ver la inconveniencia, lo fácil que es no habituarse y lo difícil que resulta dejarlo.

Cigarrillos electrónicos

Más de la mitad de los estudiantes de 14 a 18 años reconoce haber consumido alguna vez en su vida cigarrillos electrónicos (54,6%), dato que ha subido considerablemente en comparación con años anteriores. Este consumo es por primera vez más habitual entre las chicas que entre los chicos (56,8% vs 52,5%), reduciéndose estas diferencias según incrementa la edad. La mitad de los que han consumido cigarrillos electrónicos lo ha hecho sin nicotina (ESTUDES 2023).

Según la OMS (2023), no solo se ha demostrado que los cigarrillos electrónicos no ayudan a abandonar el tabaquismo, sino que hay pruebas alarmantes de sus perjuicios para la salud.

Los cigarrillos electrónicos con nicotina son perjudiciales para la salud y muy adictivos. Aunque no se conocen del todo sus efectos a largo plazo en la salud, se ha demostrado que liberan sustancias tóxicas que son cancerígenas o que aumentan el riesgo de sufrir trastornos cardiacos y pulmonares. Además, pueden afectar al desarrollo del cerebro y causar trastornos del aprendizaje en los jóvenes (OMS, 2023).

Nos señala el Dr. Krech (2023), director del Departamento de Promoción de la Salud de la OMS, que el consumo de cigarrillos electrónicos entre los niños y los jóvenes está creciendo de forma alarmante y, en muchos países, llega a niveles superiores a los de los adultos. Son promocionados en las redes sociales y se utilizan personajes de dibujos animados y diseños llamativos para atraer a los más jóvenes.

La probabilidad de que los jóvenes que consumen estos cigarrillos sean posteriormente fumadores de tabaco es realmente alta.

Se requieren medidas firmes para prevenir su consumo sobre todo en la población adolescente, basándose en los daños que pueden causarles.

Sustancias psicoactivas

Cannabis: El cannabis continúa siendo la droga ilegal consumida por un mayor porcentaje de estudiantes. El 26,9% lo ha probado alguna vez en su vida, el 21,8% en el último año y el 15,6% en el último mes. La edad de inicio del consumo de cannabis se sitúa en los 14,8 años. Y el consumo medio al día es de 3, 4 porros (ESTUDES 2023).

Al fumarse, llega al cerebro con rapidez, en pocos minutos empiezan sus efectos que duran entre dos y tres horas. Los efectos más frecuentes son: relajación, desinhibición, somnolencia, alteraciones sensoriales, dificultad en el ejercicio de funciones complejas, como expresarse, memoria, concentración y aprendizaje.

Cocaína: Su prevalencia es del 2,3% entre estudiantes de 14 a 18 años. Es un potente estimulante del sistema nervioso central y una de las drogas más adictivas y peligrosas. Se consume fundamentalmente esnifada mediante la aspiración nasal de polvo, colocado a modo de "línea" o "raya", a través de un billete enrollado o una cánula.

Produce euforia, locuacidad, aumento de la sociabilidad, hiperactividad, deseo sexual aumentado...

Éxtasis: Lo consumen el 2,2% de los estudiantes de 14 a 18 años, notándose un aumento según se va acercando la mayoría de edad.

Son sustancias producidas por síntesis química en laboratorios clandestinos. Compuestos anfetamínicos a los que se añade algún componente de efectos más o menos alucinógenos. Se comercializan en forma de pastillas o comprimidos. Se consideran drogas de diseño y la más conocida es el éxtasis o MDMA. A sus consumidores les dan "subidones" de euforia. Se toma sobre todo en conciertos, clubes nocturnos y fiestas de rave.

Sus principales efectos son empatía, euforia, sensación de autoestima aumentada, desinhibición, deseo sexual acrecentado, locuacidad, confusión, agobio.

GHB o Éxtasis líquido: Su consumo no supera el 1% de los estudiantes de 14 a 18 años. Es un potente depresor del sistema nervioso central que inicialmente puede producir sensación de bienestar y euforia.

En el mercado ilegal circula en forma de líquido transparente y se consume por vía oral generalmente mezclado con agua. Aunque los efectos buscados son el aumento de la sociabilidad y de la capacidad de comunicación, pueden aparecer, sin embargo, somnolencia, obnubilación, dolor de cabeza, confusión... e incluso depresión respiratoria, ideas delirantes, alucinaciones y coma.

Anfetaminas: Son psicoestimulantes producidos sintéticamente en laboratorios químicos. Su consumo es del 1,3% en estudiantes entre 14 y 18 años. Su presentación habitual es en forma de pastillas o comprimidos, pero también se pueden fumar, esnifar o inyectar. Una de las más conocidas es el speed.

Sus efectos pueden ser agitación, euforia, verborrea, sensación de mayor autoestima o agresividad, y sobre el organismo consumidor, falta de apetito, taquicardia, insomnio, sequedad de boca, sudoración, contracción de la mandíbula.

Metanfetamina: Vulgarmente se le conoce con los nombres de: meth, hielo, kristal o speed. Es una droga estimulante y adictiva que afecta en gran parte a los sistemas cerebrales, con mayor duración y menor intensidad que la cocaína. Su prevalencia es del 1,1%. Se puede encontrar en forma de polvo, y también en pastillas, cápsulas o cristales grandes. Además, se puede consumir por vía oral, en forma de comprimidos.

Sus efectos son sensación de energía y euforia, con incremento en el nivel de alerta y rendimiento intelectual, disminución de la necesidad de dormir y comer y dilatación pupilar.

Alucinógenos: Alteran la manera de percibir la realidad, pudiendo dar lugar a trastornos sensoriales severos e incluso a auténticas alucinaciones. Su prevalencia en estudiantes de 14 a 18 años es del 1,9%. Estas drogas provienen de hongos cultivados en países latinoamericanos y africanos, como el peyote mexicano del que se extrae la mescalina. El más utilizado en Europa es la dietilamida del ácido lisérgico LSD (conocida como «ácido» o «tripi»).

Sus efectos son alteración de la percepción, hipersensibilidad sensorial, deformación de la percepción del tiempo y del espacio, alucinaciones, ideas delirantes, euforia, confusión mental, verborrea, hiperactividad o experiencia mística, y fisiológicamente taquicardia, hipertermia, hipotensión, dilatación de la pupila o descoordinación motora.

Heroína: Con muy poca relevancia entre los jóvenes, apenas el 0,5%. Se elabora mediante síntesis química a partir de la morfina, que deriva del opio extraído de las cápsulas de una planta. Es conocida como "caballo" y ha terminado limitada a ambientes sociales marginales.

Sus efectos son euforia, sensación de bienestar y placer, y en el plano fisiológico produce analgesia, inhibición del apetito y algunas veces náuseas y vómitos.

Hipnosedantes: La prevalencia del consumo de hipnosedantes, con o sin receta médica, entre los estudiantes de 14 a 18 años es del 19,6%. Su consumo es más habitual entre las chicas que entre los chicos, produciéndose un incremento significativo. Se destaca la tendencia al alza en la dispensación de ansiolíticos y antidepresivos, que evidencia una medicalización de la vida cotidiana.

Prevención y afrontamiento

Si nuestro hijo llega a casa drogado, en ese mismo momento es mejor no hacer nada, tan solo comprobar si corre peligro físico. Al día siguiente, sentarse y profundizar en lo que ha pasado, dialogando, sin reproches ni culpas, pues levantará un muro y no obtendremos la información que necesitamos para actuar. Precisamos saber qué ha tomado, y con qué frecuencia lo hace. A partir de aquí, decidir si se requiere la ayuda profesional de un psicólogo, un médico o un CAD (Centro de Atención a las Adicciones).

Habrá que vigilar cuáles son las conductas en su tiempo de ocio y recabar las características de su grupo de amigos (que puede ser más de uno). Posiblemente, hasta el momento en que los padres se enteran o sospechan el consumo, este habrá sido ocultado. Si se está atento se descubrirá por sus cambios conductuales o de humor, por sus gastos... Serán instrumentos necesarios el diálogo y la supervisión, así como la realización de analíticas, sin previo aviso dependiendo de los casos.

El tema es suficientemente preocupante como para exigir una respuesta inmediata y continuada en el tiempo. Existe una tendencia bastante extendida entre los consumidores de drogas a negar, o al menos minimizar, la presencia de problemas. Hay que saber reaccionar a tiempo ante consumos de drogas que acaban siendo problemáticos.

En España contamos con centros de asistencia a drogodependientes en todas las Comunidades Autónomas y ONG especializadas. Hablar con un profesional ayuda a revertir un consumo de drogas que empieza a amenazar su capacidad de control o que es ya una dependencia.

Pero también requerimos de más centros de desintoxicación y deshabituación para menores de edad, donde la voluntariedad no sea un requisito.

Adicciones sin sustancia

Existen adicciones que no son químicas, puede ser al deporte (vigorexia), al sexo, a las pantallas, al juego… y que incapacitan para ser libre y tomar decisiones.

La adicción centrifuga la conducta, la jibariza y llega a anularla, siendo por tanto que la persona no encuentra recursos en sí misma para salir de esa rueda singular, peligrosa y destructiva.

Nos cabe prevenir, y en su caso buscar soluciones en expertos, eso sí, ante los primeros síntomas. Habremos de ser valientes e impedir de manera estricta lo que ya es un problema. Repito, impedir.

Las adicciones sin sustancia se podrían definir como hábitos comportamentales capaces de proporcionar placer, alivio o ambas cosas, que mediante la reiteración se transforman, produciendo dependencia física y/o psicológica con afectación psíquica, relacional y social (Sirvent et al., 2023).

El ciclo pernicioso consiste en un malestar afectivo emocional que evoluciona *in crescendo* hasta ser acuciante (el denominado *craving* o ansia), que solo se calma recurriendo a una conducta compulsiva que logre el comportamiento adictivo y el subsiguiente alivio de la insatisfacción. El acto adictivo no solo calma el ansia, sino que puede provocar un placer cada vez más fugaz y efímero que desaparece –se extingue– con el tiempo hasta que el adicto no busca el consumo para obtener placer, sino para aliviar su inmenso malestar (Sirvent et al., 2023).

Los primeros contactos están regidos por el impacto del consumo comportamental (CC) en el sujeto (premios en el juego, placer en la comida y el sexo, etc.) y así en el resto de los comportamientos. Casi todos los humanos obtenemos placer con la comida, con el sexo, con un premio cuando se juega, comprando algo que nos satisface (Sirvent et al., 2023).

El aspecto clave de la adicción comportamental no es el tipo de conducta implicada, sino la forma de relación que se establece con ella. Lo esencial del trastorno es que la persona adicta pierde el control sobre la actividad elegida y continúa con ella a pesar de las consecuencias adversas que le produce (Dpto. de Salud del Gobierno Vasco).

Uso compulsivo de internet

Estas nuevas tecnologías se han hecho imprescindibles y han generado cambios en nuestras vidas, en la forma de pensar, de aprender, de comunicarnos en la sociedad. Han modificado las formas de convivencia y las relaciones personales y familiares.

Los niños se inician en las nuevas tecnologías de la información y comunicación a edades precoces, cuando no han interiorizado algo más que conceptos o anhelos como el respeto a uno mismo o a los demás, la importancia de la privacidad, la propiedad intelectual, la información que les es tóxica, aquellos datos que no deben ser revelados.

Hábitos como el uso de las redes sociales más de dos horas al día, tener más de quinientos amigos online o jugar con el ordenador durante casi tres horas diarias pueden favorecer la adicción a internet. Pasan excesivo tiempo de conexión, que puede implicar dependencia o renuncia a la realización de otras actividades.

El uso problemático de internet es un fenómeno creciente de nuestro tiempo que se define como un uso generalizado y compulsivo de internet, asociado a una pérdida de control y a consecuencias negativas para el individuo. El uso problemático de internet no ha sido reconocido aún por los sistemas de clasificación de diagnósticos (CIE-11 o DSM-5), pero recibe una creciente atención tanto en el ámbito investigador como en la práctica clínica. Podemos estar hablando de adicción a internet o uso patológico de internet (EDADES Y ESTUDES, 2023).

El tiempo medio que los adolescentes de 14 a 18 años usan lúdicamente internet es de 5 horas y media entre semana y de 7 horas en fin de semana. Y la prevalencia de estudiantes de 14 a 18 años con riesgo elevado de tener un uso problemático de internet, en 2023, ha sido del 20,5% (EDADES Y ESTUDES, 2023).

Se observa alteración del rendimiento escolar, distanciamiento de familiares y amigos, problemas psicosomáticos, trastornos del sueño, desequilibrios emocionales, conductas psicopatológicas, violencia auto y heteroagresiva.

Como factores de riesgo encontramos muchas veces problemas de personalidad, como timidez excesiva, baja autoestima, rechazo de la imagen corporal, dificultades de relación o para afrontar adecuadamente los problemas cotidianos, así como un fácil acceso a las TIC o su reducido costo.

A ello debemos sumarle que los niños y adolescentes no son conscientes de las amenazas ocultas en las TIC, como información violenta, pornografía, inducción de sectas y fanatismos, suplantación de identidad, apología de la anorexia, acoso entre menores, acoso de adultos, difusión de imágenes de contenido sexual o adicción a las pantallas.

Videojuegos

En 2018, la Organización Mundial de la Salud (OMS), añadió la adicción a los videojuegos (*Gaming disorder*) como un desorden de salud mental, un trastorno de juego, incluyéndolo dentro del apartado relacionado con los desórdenes adictivos de la Clasificación Internacional de Enfermedades (CIE 11).

Para que se diagnostique el trastorno por uso de videojuegos, el patrón de comportamiento debe ser lo suficientemente severo como para provocar un deterioro significativo en las áreas personales, familiares, sociales, educativas, ocupacionales u otras áreas importantes de funcionamiento y, normalmente, habría sido evidente durante al menos 12 meses. El 5,1% del total de los estudiantes de 14 a 18 años presentaría un posible trastorno por uso de videojuegos (EDADES Y ESTUDES, 2023).

Los adolescentes juegan habitualmente. Pueden estar más de dos horas diarias y su uso compulsivo genera una gran dependencia. Los chicos, son más aficionados que las chicas, gastan mucho en juegos y de manera precipitada con el juego que se pone de moda.

Los videojuegos más elegidos son los de deporte, aventura, disparo, lucha, simuladores de plataforma y de rol. Son usuarios habituales de los de acción violenta, pues el carácter lúdico y divertido que la violencia tiene para muchos jóvenes se ha convertido en una forma de entretenimiento promovido por los medios de comunicación.

Aunque parece un juego solitario, el 5% lo hace en red y el 60% con amigos. Son una forma de interrelación, un elemento para la socialización entre iguales, porque hay intercambio tanto de juegos como de informaciones, se producen redes de relación amplias y los adolescentes son más empáticos y sociables entre sí.

Los videojuegos pueden incitar a la violencia, pero también ser un instrumento educativo de primer orden, ya que permiten adquirir destrezas y pueden ser utilizados para el aprendizaje e incluso para interiorizar actitudes y valores positivos. Que sean una cosa u otra depende de las prácticas sociales.

Teléfono móvil

El móvil lo utilizan para reforzar su identidad personal y colectiva y emanciparse de sus progenitores, pues garantiza la «seguridad» de su contenido. Muchos adolescentes lo consideran imprescindible para su vida, para sus relaciones sociales, para establecer contactos de forma privada.

Su principal forma de comunicación son los servicios de mensajería, como WhatsApp, y redes sociales como X, Tik Tok, Instagram o You Tube. Estar pendiente de la respuesta al último mensaje enviado, de los seguidores que tienen... interfiere en tareas cotidianas como el estudio, las relaciones familiares e incluso los momentos de ocio.

Para asegurarnos de que nuestros hijos hacen un uso correcto y responsable de las TIC y los diferentes dispositivos, en primer lugar, deben usar dispositivos adecuados a su edad. Y, en segundo lugar, negociar el tiempo de uso de estos.

Por su parte, los padres deben estar formados, en la medida de lo posible, para orientar a sus hijos, interesarse por las páginas web que visitan, por los contactos con los que chatean. No estaría de más que naveguemos con ellos y les enseñemos a ser críticos con los contenidos de la red. Así mismo, sería interesante instalar un sistema de control parental.

Debemos hablarles sobre los peligros que entraña la red, como contactar con desconocidos, dar datos personales, enviar fotos de ellos o de sus amigos en situaciones comprometidas...

Ludopatía

La irrupción de las nuevas tecnologías en el sector, la legalización del juego online en 2012 y el aumento de oferta y patrocinio de las casas de apuestas ha provocado que, desde esa fecha, haya un auge de la ludopatía entre gente joven, incluso entre adolescentes.

En 2023, el 21,5% de los estudiantes de entre 14 y 18 años han jugado con dinero online y/o presencial en los últimos 12 meses. La edad de inicio tanto en el juego online como presencial es alrededor de los 15 años. Los videojuegos son el juego con dinero online al que más juegan, seguido de las apuestas deportivas y las criptomonedas. Respecto al juego con dinero físico, las loterías, primitivas, etc. están en primer lugar.

Cuando el juego se convierte en el centro de la vida de una persona, ocupando una gran parte de la actividad diaria, pensando en cómo o cuándo jugar, o de dónde sacar el dinero para hacerlo, y se es incapaz de dejar de jugar a pesar de las consecuencias negativas que dañan seriamente sus relaciones familiares, laborales o personales, estamos ante lo que se conoce como trastorno del juego. La posibilidad de realizar ciertas actividades online favorece muchos comportamientos potencialmente adictivos, incluido el trastorno del juego. La inmediatez de la recompensa, la fácil accesibilidad las 24 horas al día, el anonimato y el entorno íntimo que proporcionan las nuevas tecnologías, facilitan la pérdida de control (EDADES Y ESTUDES, 2023).

El jugador se convierte en invisible, ni siquiera utiliza dinero real, ya que todo va a través de la tarjeta. Los menores burlan el límite de edad mediante el

DNI de sus padres, o dan dinero a un mayor de edad que se registra, lo pone en su cuenta y juegan por turnos (hay chavales de cuarto de la ESO que pasan la tarde jugando al póquer online).

Los juegos que más facilidad muestran a la hora de enganchar a los adolescentes son los que presentan estímulos visuales y fomentan la inmediatez, el «apuesta ahora».

Quienes diseñan dispositivos para juegos de azar o videojuegos buscan que el usuario se enganche una y otra vez, hacen lo posible por convertirlo en adictivo; esa es su fuente de ingresos. Por este motivo, los nuevos dispositivos de juegos de azar están incluyendo el concepto de pasar a un nuevo nivel (algo que crea todavía más adicción) y facilitan que pase menos tiempo entre apuesta y premio (aumenta el peligro).

Una vez el problema está instaurado, se afronta reconociendo su gravedad, deseando resolverlo y pidiendo ayuda. Junto a este primer paso, se precisa la labor de apoyo y fiscalización de la familia, además de cegar todas las fuentes de financiación.

En relación con los juegos online, lo mejor es eliminar todos los juegos o videojuegos de sus dispositivos electrónicos, pues es habitual que se genere dependencia a los mismos al dejar las apuestas. También todas las redes sociales y contactos de juego.

Vigorexia

Es la obsesión de tener el cuerpo musculoso. Las personas que la sufren tienen tal obsesión por lograr un cuerpo musculado y con buen aspecto que pasan más horas en el gimnasio que haciendo cualquier otra actividad cotidiana, ya que nunca están satisfechos con el resultado. Suele afectar más a los hombres que a las mujeres.

A menudo, también realizan cambios en su alimentación para ir acorde con sus objetivos y lograrlos más fácilmente.

Las personas con vigorexia presentan ciertos rasgos como una baja autoestima y un nivel muy alto de autoexigencia.

Compras compulsivas

La compra compulsiva es un problema en el que la persona siente un deseo incontrolable de comprar, sin poder manejar el impulso y realizando compras continuas y prolongadas sin reconocer el problema. Aproximadamente el 6% de la población española sufre esta conducta, con un aumento en adolescentes y jóvenes.

Estas personas tienen una inteligencia media-alta y un nivel social elevado, y el problema empieza a manifestarse alrededor de los 16 años, pero suele detectarse mucho después, frecuentemente después de los 30.

La adicción se caracteriza por un sentimiento de culpa y sufrimiento tras las compras, y está relacionada con la disminución de los neurotransmisores serotonina y dopamina. Los factores socioculturales, como la economía de mercado y el materialismo, junto con la facilidad de obtener crédito y la compra en línea, juegan un papel crucial en el desarrollo y mantenimiento de este trastorno.

Deberíamos también, desde la familia, concienciar a los hijos sobre la importancia de consumir y gastar su dinero con responsabilidad.

2

Ansiedad social en adolescentes

Llamamos ansiedad social a la dificultad para encontrarse con los otros, a sentirse supervisado, juzgado.

Tenemos personas, de muy distintas edades, que muestran en el día a día su asertividad, su capacidad para decir que no. Pero hay otras, y sobre todo en la etapa infanto-juvenil, que se valoran en función del juicio de los demás. Deberíamos relativizar y trasmitir que, al resto, lo que te acontezca no le importa demasiado, como para ti, en el fondo, lo que le pase al otro resulta en general secundario.

Vivir, lo es con uno mismo en la coherencia, en la congruencia, en lo no dicho.

Los demás son importantes, pero no son los más importantes, y esto hay que transmitirlo, hay que demostrarlo, hay que vivirlo.

El trastorno de ansiedad social, o fobia social, se caracteriza "por un miedo persistente y acusado ante una amplia variedad de situaciones sociales, en las que la persona puede ser evaluada negativamente por otras" (García López et al., 2008, p. 502; Romero, 2022).

El individuo con ansiedad social teme actuar de cierto modo o mostrar síntomas de ansiedad que podrían generar una evaluación negativa externa y, por ello, tiende a evitar muchas situaciones sociales o se expone a ellas sufriendo un intenso malestar y ansiedad. (American Psychiatric Association –APA–, 2014; Romero, 2022).

Por su parte, Martín et al. (2019, p.10) describe la ansiedad social como "un problema psicológico importante para entender el comportamiento interpersonal, que incluye el miedo a la evaluación negativa, evitación social general y específica a nuevas situaciones o personas" (Romero, 2022).

La ansiedad social puede influir negativamente en la calidad de comunicación entre pares, así como la mala comunicación entre pares puede contribuir a aumentar los síntomas y signos de ansiedad social (Bianchi et al., 2020; Romero, 2022).

Encontramos dos tipos de trastorno de ansiedad social: el generalizado y el no generalizado. En cuanto a sus diferencias, el generalizado hace referencia a diversas situaciones sociales ocurridas con más frecuencia en la vida diaria, mientras que el no generalizado hace alusión a circunstancias más graves donde el individuo se siente incapacitado para hacerles frente (García López et al., 2008; Romero, 2022).

Tras varias investigaciones, se ha concluido que el trastorno de ansiedad social ejerce gran influencia en la adolescencia, principalmente en las chicas. Es entre los 14 y los 17 años cuando afloran más casos, si bien puede comenzar entre los 8 y los 12 años de edad, siendo reforzada por las alteraciones y tareas relacionadas con la edad, como es el cambio en la imagen corporal, la redefinición de los roles sociales y la construcción de la identidad (Bianchi et al., 2020; Romero, 2022).

Llega incluso a interferir significativamente con su vida diaria, afectando a su capacidad para relacionarse con los demás y participar en actividades sociales, académicas o laborales, e incluso a su bienestar emocional y mental.

En cuanto a los síntomas que aparecen, pueden ser fisiológicos, psicológicos y motores.

Los síntomas fisiológicos se producen por una hiperactividad del sistema nervioso autónomo (Buela-Casal et al. 2011). Destacamos: rubor facial, taquicardias o palpitaciones, falta de aire, dolor de estómago, diarrea, mareos, sudoración, dolor de cabeza, rigidez muscular, etc.

Por otro lado, los síntomas psicológicos se definen por una sensación de agobio, miedo, inquietud, incapacidad, inseguridad, falta de concentración, dificultad para decidir, pensamiento obsesivo, pensamiento negativo de inferioridad, despersonalización, miedo a ser criticado o rechazado, etc.

Y, finalmente, los síntomas motores, que son conductas potenciadas por la ansiedad, como puede ser fumar o beber en exceso, comer en exceso o no comer, inquietud de piernas y manos, movimientos torpes, temblor, evitación de ambientes, ausencia de apetito sexual, etc. (Galvis et al., 2019; Gutiérrez y Moreno, 2011; García-López et al., 2008; Sierra et al., 2003; Pacheco, 2022).

En muchos casos, la ansiedad impulsa a las personas a evitar las situaciones que les producen miedo, con lo que se genera un círculo vicioso en el que el principal objetivo es evitar relacionarse. De hecho, lo que mantiene el trastorno es esa imperiosa necesidad por evitar las situaciones o huir de ellas (Peña, 2023).

En la actualidad, los alumnos se enfrentan a un modelo de enseñanza que fomenta la competitividad y puede desembocar en ansiedad social. Esto, a su vez, convierte a los alumnos con mejor rendimiento en blanco de acoso por parte de los alumnos que carecen de él, impidiendo que se creen relaciones interpersonales entre sus pares en esta etapa importante de la vida (Catalán, 2021). Los adolescentes con ansiedad social suelen presentar mayores dificultades en el entorno escolar (Ramírez y Reyes, 2018), afectando claramente al rendimiento escolar y a su desempeño en la escuela.

Otro aspecto muy importante relacionado con la fobia social es que estos adolescentes son más propensos a ser víctimas de acoso escolar, porque afecta a su autoestima. Según Ordoñez y Narváez (2020), una autoestima baja en situaciones de acoso escolar puede deberse a la carencia de estrategias de afrontamiento adecuadas que permitan al adolescente responder ante el bullying (Catalán, 2021).

En esta etapa tiene gran importancia que los adolescentes y jóvenes puedan contar con algún referente positivo, con el fin de sentirse protegidos y seguros. Es de extrema necesidad que los adolescentes se desarrollen en un buen ambiente familiar. Esto implica que los jóvenes y adolescentes cuenten con un apoyo o afecto emocional y una buena implicación y exposición por parte de sus padres o tutores legales, con el fin de evitar que presenten dificultades en sus relaciones interpersonales. Es importante decir que un exceso de implicación o la falta de cariño por parte de los progenitores incentivan la ansiedad social de sus hijos (Espinoza Fernández et al., 2016; Romero, 2022).

Uno de los tratamientos esenciales para ayudar a adolescentes que sufren de ansiedad social es la Terapia Cognitivo-Conductual. En esta terapia, el paciente es el principal agente de cambio, con el terapeuta manteniendo una relación cercana para guiar al paciente a adquirir nuevas habilidades sociales que le permitan enfrentar y superar las situaciones que desencadenan su ansiedad.

Timidez y fobia social

La timidez y la fobia social tienen cosas en común. Sin embargo, habitualmente, la timidez es mucho menos agresiva en cuanto a la manifestación de sus síntomas (Peña, 2023).

Una persona tímida puede pasarlo mal, pero eso no impide que se siga exponiendo sin que eso dañe su salud. Digamos que la diferencia principal entre la timidez y la fobia social está en la magnitud de los síntomas cuando la persona se expone a una situación que teme (Peña, 2023).

Una timidez mal gestionada, con el tiempo, podría desencadenar en una fobia social. Si la persona tímida se acepta, controla los síntomas, se expone a situaciones que le dan vergüenza y su pensamiento es constructivo, no irá a peor, incluso puede que con los años vaya mejorando hasta superarla.

En cambio, una persona tímida que empiece a evitar situaciones y tenga pensamientos negativos y destructivos, con el tiempo irá a peor.

Con la timidez, las situaciones en las que una persona se siente mal suelen ser más específicas. En unos ambientes determinados no siente timidez, aunque haya gente, en cambio en otras situaciones sí.

Sin embargo, para las personas que sufren fobia social, podríamos decir que son muy abundantes las situaciones en las que se sienten mal. Casi todas aquellas en las que haya gente les hacen sentir fatal.

Cómo podemos ayudar a superar la timidez

- Ante situaciones que les provocan timidez, es crucial que los adolescentes no las eviten, ya que solo así podrán superar su timidez. Los padres pueden ayudar al acompañarlos o hablar sobre esas situaciones, evaluando juntos lo que podría suceder. Incluso ensayar algunas de ellas para darles seguridad y que se sientan listos para enfrentarse a ellas.
- Es importante reforzar la empatía. A veces no se dan cuenta de que otros pueden experimentar situaciones similares a las suyas. Por eso, es crucial que un adolescente que intenta superar la timidez comprenda que no está solo en ese sentimiento.
- No se pueden considerar estos momentos de timidez como algo carente de importancia, pues pueden resultar muy frustrantes para el adolescente. Como adultos, no debemos reírnos de ellos ni compararlos con otros compañeros, al revés, debemos hacerles ver que estos momentos son superables.
- Debemos ayudarles en el conocimiento de sí mismos, destacando sus puntos fuertes para poder afrontar estos incómodos momentos.

3
Autolesiones en adolescentes

La autolesión es una conducta que busca traspasar el sufrimiento emocional al dolor físico. Por otro lado, es una manera de significarse, de ser reconocido, atendido, cuidado.

La autolesión tiene un aspecto antropológico realmente significativo y también simbólico porque, aunque de manera callada, cuando alguien es capaz de lesionarse a sí mismo pone en riesgo la seguridad de los demás.

Claro que tiene un componente de moda y que en algunos lugares de la red social se jalea.

Planteemos desde la más corta edad que hay que vivir de la mano del sufrimiento y ser digno con uno mismo manejando el autocuidado, aunque lloremos en lo más profundo, en el alma.

Las autolesiones son conductas autoinfligidas con la intención de realizarse algún daño físico. No en todos los casos esta conducta se asocia a ideación o intención suicida (Vázquez et al., 2023).

Las autolesiones no suicidas (ANS) se definen como cualquier comportamiento que se realiza de modo intencionado, autodirigido, sin intencionalidad suicida, y que causa destrucción de la superficie corporal (Vázquez et al., 2023).

La distinción entre las autolesiones no suicidas y las suicidas sería la intencionalidad. Mientras que la ANS se refiere a aquellas autolesiones en las que no existe intencionalidad suicida, las segundas se refieren a conductas autolesivas que pueden tener diferente grado de ideación, motivación e intencionalidad suicida (ACIS, 2022).

Además de cortes en la piel, que es el método más frecuente, también puede tratarse de mordeduras, quemaduras, rascado o roce en exceso, golpes u otras formas de hacerse daño a uno mismo, sin intención de acabar con la propia vida (Vázquez et al., 2023).

No son pocos los adolescentes que se autoinfligen daños físicos como escape a situaciones frustrantes. Se autolesionan primordialmente con cortes en los brazos como fórmula para regular su dolor emocional. Afecta al 20% de los menores, primordialmente entre los 15 y los 17 años.

La evolución es variable, y en estudios longitudinales demuestra la alta probabilidad de recurrencias (63%) (Rodríguez, 2022).

Se atribuye la realización de estas lesiones a un mecanismo de alivio o disminución de sentimientos negativos, en forma de autocastigo, cuando se sienten culpables o necesitan de un refuerzo social positivo (Vázquez et al., 2023).

Cuando el método de autolesión consiste en cortarse, suele asociarse con una mayor probabilidad de repetición de la autolesión y un mayor riesgo de suicidio. Por lo tanto, este método de ANS implica mayor riesgo psicopatológico (ACIS, 2022).

Hay un cambio de paradigma: antes se vinculaba con una patología mental. Ahora, y desde una difusión más colectiva, acontece también en la población general.

Los niños obtienen en redes sociales que, como Instagram, difunden imágenes explícitas, información errónea que da a la conducta autolesiva un carácter romántico.

Los hay que fueron víctimas de maltrato o de abuso sexual. Otros sufren ansiedad, depresión o trastorno de personalidad.

Se aprecia que se da más y dentro de una etapa vital de elevada impulsividad y reactividad emocional en personalidades de tipo inestable, tendentes a desarrollar puntos de vista subjetivos, egocéntricos.

Algunos presentan un estado mental de disociación. Viven el dañarse como un momento de alivio al segregar endorfinas.

Los pacientes se infligen cortes con un cúter, con cuchillas, con cristales, con grapas, sobre todo en las caras anteriores de las extremidades y en la parte anterior del pecho. También se queman o se golpean (incluso la cabeza). La tendencia es adictiva, algunos sienten culpabilidad.

Entre los factores que encontramos en los adolescentes que realizan estas conductas observamos:

- Factores intrapersonales: estado de ansiedad intensa; detener la recurrencia de pensamientos negativos; reducir la sensación de vacío, que experimentan.
- Factores interpersonales: aprobación por parte del entorno social; obtener atención, afecto, protección; evitar situaciones interpersonales conflictivas.

La falta de control de la frustración, del sentimiento de impotencia, la necesidad de mostrar malestar interno, en ocasiones se convierte en hábito.

La mitad de estos adolescentes tienen también pensamientos suicidas y presentan mayor riesgo de ideación e intento suicida, sobre todo si las autolesiones son más graves o se repiten en el tiempo. Por tanto, se trata de conductas que requieren una valoración por parte de profesionales formados (Vázquez et al., 2023).

Señales de que tu hijo se autolesiona

Según nos señala UNICEF (2023), a veces los niños y adolescentes suelen ocultar las autolesiones, incluso presentan conductas nocivas que no ven como autolesiones:

- Cortes, quemaduras o daño físico y corporal a sí mismos.
- Comportamientos adictivos que pueden incluir el uso de drogas o alcohol.
- No comer, hacerlo en exceso o forzarse el vómito.
- Realizar ejercicio en exceso o ejercitarse cuando se está lesionado.

- Involucrarse a propósito en peleas o situaciones de riesgo, incluyendo comportamientos sexuales de riesgo.

Es importante tener en cuenta que ante estas situaciones los niños y adolescentes:

- Presentan cortes, quemaduras, moretones o cicatrices en sus cuerpos, especialmente en brazos, estómago o piernas.
- Usan ropa que oculte estas señales físicas como camisas de manga larga.
- Se excusan sobre sus heridas o lesiones.
- Llevan consigo objetos punzantes como cuchillos o tijeras.
- Dicen tener sensaciones de dolor, debilidad, enfermedad o mareo.
- Se sienten avergonzados, a disgusto, confundidos o con temor.
- Sienten una falta de control, aislamiento y soledad.
- Presentan señales de baja autoestima, como culparse a sí mismos por cualquier problema o decir que no son suficientes para algo.

Prevención de las autolesiones

Naturalmente que se puede superar esas situaciones, también con el apoyo psicoterapéutico de una relación socrática.

En la terapia se les muestra que producirse heridas físicas es un engaño, una falsa anestesia. En la terapia dialéctico conductual (individual o grupal), se les enseña a regular sus emociones, a utilizar habilidades para acabar con su patrón de conducta, se practican ejercicios de relajación, se les entrena para detectar el inicio de los pensamientos negativos. La medicación con psicofármacos se compagina con la psicoterapia en los casos más agudos y severos.

El objetivo es que se autodominen, que aprendan a hacer algo que frene ese bucle en el que primero aparece un pensamiento hostil que estimula el sistema nervioso central y produce una segregación de adrenalina y cortisol, a partir de la cual aparecen síntomas físicos como la sudoración de manos, la dificultad para respirar y la planificación de causarse un daño físico.

Hemos de evitar el estigma y la idealización. El que personajes famosos cuenten que se autolesionaban, conlleva el riesgo de normalización.

Enseñemos a manejar dilemas, a aceptar un mayor nivel de disonancia, a afrontar circunstancias desde la Actitud, el Coraje, el Compromiso, la Voluntad.

4
Bajo rendimiento escolar

La educación es un derecho; ir al colegio, un privilegio. La perversa idea de que "El niño no va al colegio lo formamos, educamos, instruimos y socializamos en casa", es una falacia muy peligrosa y perversa.

La educación es uno de los instrumentos más poderosos que se conocen para reducir la pobreza y la desigualdad, para sentar las bases de un crecimiento económico sostenido, una buena gestión pública y el desarrollo de unas instituciones eficaces (Banco Mundial, 2018; UNESCO, 2020, INJUVE 2022).

La participación de la familia en la escuela debe seguir alcanzando altas cotas de colaboración entre padres y maestros, con la finalidad común del mejor conocimiento de nuestro hijo-alumno.

Como adolescentes, el periodo de estudio los va a preparar para la vida profesional y les va a permitir un aprendizaje personal y social de desarrollo.

La escolaridad obligatoria hasta los 16 años es un avance incuestionable, pero conlleva que algunos jóvenes (con sólo 12 o 13 años), auténticos objetores escolares, desaprovechen su tiempo y perjudiquen a sus compañeros.

El profesor cumple su función educativa, pero además constituye un referente para los chicos, alguien en quien confiar. Debe ostentar autoridad y para ello debe mostrarse firme, justo pero no colega; mantener una distancia óptima: distante pero no inaccesible, comprensivo pero no permisivo. Su *autoritas* debe venir de la mano del saber, del conocimiento. Desde él mismo ha de buscar capacitar al alumno para que alcance su jerarquía.

El rendimiento académico se refiere al nivel de logro que puede alcanzar un estudiante en una o varias asignaturas. Cuando no alcanza este nivel o no muestra, a través de sus resultados, el dominio en ciertas tareas, se puede decir que presenta bajo rendimiento académico (Abad et al, 2022).

El informe PISA (2022), teniendo en cuenta el periodo de la pandemia, revela que en matemáticas, comprensión lectora y ciencias el resultado obtenido por los alumnos españoles es significativamente bajo, aumentando los alumnos que no alcanzan al menos el nivel 2 de competencias. No obstante, España supera el grado promedio de la OCDE en rendimiento y grado de equidad, así como lo iguala en pensamiento creativo.

El bajo rendimiento escolar puede deberse a la falta de motivación, a problemas en el hogar; a miopía, a sentirse poco querido en la escuela por compañeros y profesores…

A veces es un síntoma de no sentirse bien en el hogar y, como pasa con la alimentación, se convierte en un chantaje hacia los progenitores.

El bajo rendimiento escolar puede dañar la autoestima y el ámbito relacional del niño o el adolescente.

A veces, el bajo rendimiento escolar pareciera que es el mayor problema de nuestro hijo y en el fondo no es así, porque estamos hablando de un síntoma.

Este bajo rendimiento resulta de la interacción de diversas variables que pueden clasificarse en cuatro niveles:

- Factores personales: incluyen capacidades intelectuales, aspectos psicológicos y emocionales, como falta de interés, baja autoestima, falta de objetivos, trastornos del aprendizaje como dislexia, TDAH…
- Factores familiares: abarcan el nivel educativo de los padres, el tipo de apego con los progenitores, los conflictos familiares, la falta de apoyo y supervisión por parte de los padres o el excesivo control y presión, los problemas económicos...
- Factores escolares: comprenden métodos de enseñanza inadecuados, un currículo deficiente y la falta de recursos. También tendremos en cuenta el acoso escolar.
- Factores sociales: se refieren al entorno sociocultural y las redes de apoyo disponibles.

Dificultades en el aprendizaje

Trastorno específico de aprendizaje

Según el DSM-V, el Trastorno Específico del Aprendizaje se caracteriza por dificultades en el aprendizaje y en el uso de habilidades de lectura (lectura de palabras inexacta o lenta y con esfuerzo, dificultad para comprender el significado de lo que se lee), de escritura (problemas con la ortografía y la expresión escrita) y de las matemáticas (problemas para entender el sentido de los números, los datos numéricos o el cálculo, así como el razonamiento matemático).

Las habilidades académicas del niño están notablemente por debajo de lo esperado para su edad. Como resultado, este trastorno interfiere con su rendimiento escolar y sus actividades diarias. Las dificultades suelen aparecer principalmente en la edad escolar, aunque también pueden manifestarse más tarde.

Estas dificultades no son causadas por una discapacidad intelectual, problemas visuales o auditivos no tratados, u otros trastornos neurológicos o mentales. Es necesaria una evaluación psicopedagógica completa para determinar el alcance y la gravedad del trastorno.

Dislexia

La Asociación Internacional de Dislexia (IDA) la contempla como una dificultad específica de aprendizaje caracterizada por dificultades tanto de precisión como de fluidez en el reconocimiento y la decodificación de las palabras escritas, y por un déficit en las habilidades de decodificación (lectora) y deletreo.

Este trastorno tiene una fuerte componente hereditaria. El 40% de los hermanos y entre el 30% y el 50% de los padres de los niños con dislexia también presentan el trastorno. A menudo, los padres se identifican con las dificultades de sus hijos, aunque ellos mismos nunca hayan sido diagnosticados.

La dislexia, al igual que otros trastornos del aprendizaje, persiste durante toda la vida. Sus efectos y manifestaciones cambian con el tiempo, aunque pueden mitigarse para permitir una lectura precisa y el acceso al conocimiento a través del lenguaje escrito. No obstante, la lectura en personas con dislexia siempre será menos automatizada, lo que resulta en una baja velocidad lectora y un dominio ortográfico deficiente en la edad adulta.

En una primera etapa, vemos que tienen dificultades en la adquisición de la conciencia fonológica (deletreo y manejo mental de los sonidos de las palabras), observamos dificultades para evocar nombres específicos (colores, letras, números...), para aprenderse secuencias verbales automáticas (días de la semana, meses del año, abecedario...), dificultad para aprender el sonido de las letras, y para asociar un sonido a una letra (correspondencia fonema-grafema). A pesar de la repetición, a los niños disléxicos les cuesta automatizar dicha asociación (Sans et al, 2017).

Cuando leen, suelen cometer errores de sustitución, rotación, omisión e inversión de letras. Es una lectura lenta, forzada, trabajosa, con pausas, rectificaciones, repeticiones... A pesar de este nivel lector, muchos de estos niños consiguen una comprensión lectora igual que la de sus compañeros no disléxicos (Sans et al, 2017).

En la escritura, cometen errores ortográficos predominantemente naturales (uniones y fragmentaciones de palabras, inversiones, sustituciones, omisiones, adiciones de letras y/o sílabas) y también arbitrarios, pero de menor importancia en esta etapa (b/v, j/g, h, acentuación...) (Sans et al, 2017).

En una etapa avanzada, cuando el objetivo es leer para aprender, los niños con dislexia se caracterizan por una lectura lenta, poco automatizada y que requiere mucho esfuerzo; dificultad para aplicar espontáneamente las normas ortográficas; expresión escrita deficiente debido a una pobre comprensión de la morfosintaxis; comprensión lectora afectada, ya que el esfuerzo para decodificar el texto disminuye la comprensión (Sans et al, 2017).

Su incapacidad para comprender lo que leen hace que se muestren distraídos, con dificultades para memorizar, que se aburran y denoten falta de esfuerzo y atención, bajo rendimiento y progresivamente baja autoestima.

Se trata de niños y adolescentes bien dotados para la creatividad, porque procesan mejor las imágenes tridimensionales que los signos escritos.

Discalculia

La discalculia, o dificultad para aprender matemáticas, es conocida en el DSM-V como un trastorno específico del aprendizaje con dificultad matemática. Este trastorno implica una dificultad persistente para aprender o entender conceptos numéricos, principios de conteo y aritmética.

También les supone dificultad para distinguir derecha o izquierda y calcular distancias.

Se manifiesta cuando los niños empiezan a tener clase de matemáticas en el colegio. Este trastorno no es impedimento para un buen desempeño en otras materias que no sean las matemáticas.

Aproximadamente la mitad de los niños con discalculia también enfrentan dificultades en el aprendizaje de la lectura, y muchos de ellos también tienen TDAH (Trastorno por Déficit de Atención con Hiperactividad). Aunque la causa exacta de la discalculia es desconocida, varios estudios científicos sugieren que puede haber un componente genético involucrado.

La detección precoz de estos trastornos es primordial, así como la actuación urgente, ya que es la única forma en que puedan integrarse escolar y socialmente de manera adecuada.

El abordaje se realiza con programas individualizados en el colegio y con profesionales específicos.

Trastorno de Déficit de Atención con Hiperactividad (TDAH)

El Trastorno por Déficit de Atención con Hiperactividad (TDAH) se caracteriza por los síntomas de inatención, hiperactividad e impulsividad, que interfieren con el funcionamiento o el desarrollo, y desorganización, siendo uno de los trastornos más comunes en la infancia y la adolescencia.

En adolescentes, estos síntomas se agravan debido a los cambios físicos, emocionales y cognitivos, lo que genera ansiedad y una autoimagen negativa, pues tienen una alta conciencia de ser distintos a los demás y experimentan serios problemas a la hora de hacer cosas que los demás afrontan sin mayores contratiempos.

Se distraen frecuentemente, parece que no escuchan cuando se les habla, tienen dificultad en seguir instrucciones y completar tareas escolares, en organizar actividades y evitan las que requieran esfuerzo, se levantan de su asiento con frecuencia, golpean las manos o pies, hablan excesivamente, les es difícil esperar su turno…

Si no se trata, el TDAH puede tener consecuencias graves a largo plazo, como problemas académicos, desempleo y dificultades sociales.

Es importante que el adolescente sea informado con claridad y transparencia de todo lo concerniente con su diagnóstico y lo que significa, pues solo así podrá asumirlo y evitaremos inútiles sentimientos de culpabilidad o vergüenza. Cuanto mejor se enfrente el TDAH, mejores serán las probabilidades de superarlo y convivir con él.

El tratamiento del TDAH incluye psicoeducación, terapia individual y familiar y psicoterapia cognitiva-conductual. Los fármacos se usan solo si los tratamientos psicosociales fracasan o si los síntomas son muy severos.

El TDAH coexiste a menudo con otras enfermedades y afecta a la función ejecutiva. Los padres deben apoyar de manera coherente y cálida, evitando castigos excesivos y reforzando positivamente a sus hijos.

Trastorno del Espectro Autista (TEA)

La OMS (2023) nos indican que, a nivel mundial, uno de cada 100 niños tiene autismo. Esta estimación representa una cifra media, pues la prevalencia observada varía considerablemente entre los distintos estudios. No obstante, en algunos estudios bien controlados se han registrado cifras notablemente mayores.

Es uno de los colectivos más vulnerables frente al fracaso y el abandono escolar temprano.

Según el DSM-V, el TEA se diagnostica en presencia de los siguientes síntomas cardinales:

1. Deficiencias persistentes en la comunicación y en la interacción social en diversos contextos
2. Patrones restrictivos y repetitivos de comportamiento, intereses o actividades.

Además, los síntomas deben haber estado presentes en las primeras fases del período de desarrollo y causar un deterioro clínicamente significativo (Gobierno de España). Aunque no se requieren para confirmar el diagnóstico, algunos pacientes sufren de síntomas asociados, como agresión y autolesión, impulsividad y disminución de la atención, ansiedad, depresión e interrupción del sueño (Levy 2009), que pueden convertirse en una fuente importante de angustia e interferencia adicionales.

Los comportamientos repetitivos y estereotipados (CRE) han sido identificados como una de las principales características del Trastorno del Espectro Autista, y su presencia sigue siendo esencial hoy en día para el diagnóstico. Los CRE se dividen en dos categorías: los comportamientos motores repetitivos "inferiores", como los movimientos de balanceo y las sacudidas de las extremidades, y los rituales y rutinas "superiores", como la insistencia en la monotonía.

El tratamiento más utilizado para el Trastorno del Espectro Autista es el enfoque psicoeducativo, que incluye diversas técnicas conductuales, como el Análisis Aplicado de Conducta (ABA), que mejora las habilidades cognitivas y lingüísticas reforzando comportamientos positivos y disuadiendo los negativos.

Es crucial iniciar la terapia lo más temprano posible, y los pediatras juegan un papel esencial en la detección temprana del TEA. Un abordaje multidisciplinario es fundamental para un tratamiento óptimo, involucrando a profesionales de diversas áreas y familiares.

Aunque la farmacología es un último recurso, hasta el 35% de los pacientes la reciben, especialmente para síntomas como la agresividad y las conductas repetitivas. Solo dos antipsicóticos, aripiprazol y risperidona, están aprobados para su aplicación en el TEA.

Los tratamientos conductuales son preferibles para los comportamientos repetitivos, pero si estos son severos se puede recurrir a la medicación. Además, los problemas de sueño se tratan inicialmente con enfoques psicoeducativos, utilizando melatonina si es necesario.

Las necesidades de atención de salud de las personas con autismo son complejas y requieren una serie de servicios integrados, que abarcan la promoción de la salud, la atención y la rehabilitación. Es importante la colaboración entre el sector de la salud y otros sectores, en particular los relacionados con la educación, el empleo y la asistencia social (OMS, 2023).

Estrés académico: Sobrecarga de tareas, presión para obtener altas calificaciones

El estrés en el ámbito educativo se trata del peso psicológico ligado a las exigencias del entorno escolar. Aunque cierta tensión puede ser estimulante y mejorar el desempeño, un exceso de presión puede tener efectos negativos, como ansiedad, baja en el rendimiento académico y problemas de salud física y mental.

Para muchos jóvenes, el estrés académico es una realidad que afecta su bienestar emocional y su desempeño escolar. Con la presión por obtener buenos resultados, por las tareas, los exámenes y las expectativas futuras, no es sorprendente que el estrés académico pueda resultar abrumador. Sin embargo, con enfoques y respaldo adecuados, es posible gestionar y reducir estos niveles de estrés, permitiendo a los jóvenes no solo sobrellevar sino también prosperar en su entorno educativo.

La sobrecarga de tareas académicas es una de las causas principales del estrés académico, no solo conlleva una excesiva carga de trabajo, sino que perciben de manera subjetiva que el tiempo del que disponen no es suficiente, lo que les hace experimentar falta de control.

Cuando los estudiantes se sienten abrumados, su autoeficacia puede verse afectada, lo que disminuye su motivación y, a su vez, afecta negativamente a su rendimiento académico. Este fenómeno genera una espiral descendente en la que la baja autoeficacia provoca menos esfuerzo y peores resultados, lo que aumenta aún más el estrés.

Esta situación puede afectar a su salud mental, pues la preocupación por los plazos y la cantidad de tareas les pueden conducir a problemas como la ansiedad y la depresión, además de una sensación de agotamiento emocional, físico y de fracaso, o lo que podemos denominar *burnout* académico.

Otra situación que puede contribuir al estrés académico es la presión por obtener altas calificaciones. Esta presión puede provenir de las expectativas familiares, la competencia entre compañeros, la necesidad de cumplir determinados estándares sociales... Perciben que su valor y su éxito personal están vinculados a sus rendimientos académicos.

El perfeccionismo los lleva a establecer unos muy altos estándares para ellos mismos, midiendo su propio valor por los logros obtenidos. Aunque a algunos estudiantes el perfeccionismo les motiva para alcanzar metas, a otros les conduce a una ansiedad debilitante al sentir que no están cumpliendo ninguna expectativa. El perfeccionismo maladaptativo, caracterizado por la autoexigencia extrema y el miedo al fracaso, es un factor de riesgo para el desarrollo de trastornos de ansiedad y depresión.

El estrés crónico puede afectar el desarrollo cognitivo y emocional de los jóvenes, interfiriendo en su capacidad para gestionar situaciones estresantes en el futuro.

Será importante buscar un equilibrio entre las demandas educativas y el bienestar emocional de los estudiantes, quizá promoviendo una educación consciente de las necesidades psicológicas de los adolescentes.

El apoyo familiar también juega un papel importante en el estrés académico. La comprensión, el acompañamiento, la ayuda para organizar los tiempos de estudios, para ofrecerles un espacio donde puedan realizar las tareas adecuadamente, puede aportar a los adolescentes una mayor sensación de seguridad con respecto a las exigencias escolares.

5
Bullying y Ciberbullying

La última encuesta realizada por Educo, en abril del 2024, refleja que 1 de cada 3 niños sufre acoso escolar en las aulas españolas. Y esta cifra podría ser más alta, puesto que el acoso está tan normalizado que muchos niños ni siquiera identifican esta violencia como tal.

El estudio realizado por la Fundación Cola Cao y la Universidad Complutense de Madrid (2023), señala que el acoso escolar prevalece más en educación primaria (7,6%) que en secundaria (5,3%). Así mismo, no hay diferencia significativa entre chicas y chicos en primaria, cosa que sí se observa en secundaria, donde el porcentaje es más elevado en chicas.

A medida que avanzan los cursos, y por lo tanto la edad, también cae el número de estudiantes que reconocen ser víctimas de acoso escolar.

En cuanto a los acosadores, el porcentaje de chicos que se reconoce como acosador (2,6%) es bastante más elevado que el de las chicas (1,4%). Por etapas, son el 2,4% frente al 1,4% en primaria y el 2,7% frente al 1,4% en secundaria. Como en estudios anteriores, estas cifras están relacionadas con la cultura sexista existente, donde violencia y dominio están relacionados con la masculinidad.

En cuanto al ciberbullyng, más del 46% de las víctimas de acoso escolar reconoce haberlo sufrido también en el ámbito digital.

Entre las causas más frecuentes que atribuyen a su victimización, los alumnos hablan del aspecto físico, sobre todo el sobrepeso, su dificultad para el aprendizaje, pertenecer al colectivo LGTBIQ, situaciones de indefensión y aislamiento, entre otros.

Las chicas son más propensas a ser víctimas de agresiones relacionales y sobre su aspecto físico. Los chicos experimentan más agresiones físicas, racistas y asociadas con la orientación sexual.

Con respecto al tipo de agresión, las más frecuentes son las de tipo verbal y relacional. Y en cuanto al lugar el más común, es en el patio (57,8%), el aula en segundo lugar (34,3%), y también el comedor y el aseo. Mayoritariamente las agresiones se realizan en grupo (60,1%).

Desde Naciones Unidas (2016), nos recuerdan que el acoso en entornos educativos es un obstáculo para el disfrute del derecho a la educación y a la igualdad de acceso a las oportunidades.

Para agravar aún más el problema, un importante grupo de adolescentes entre 14 y 28 años que se suicidan anualmente lo hacen impulsados por el acoso o el ciberacoso.

Entendemos por acoso escolar, un comportamiento de relación interpersonal violenta, protagonizado por un sujeto o grupo de individuos que, en un ambiente bien definido y tipificado, el de la vida escolar, llevan a cabo una serie de acciones para humillar, violentar, y someter a un compañero que desea escapar a él, pero es incapaz de hacer frente a las presiones de aquellos.

Los distintos tipos de acoso escolar que nos encontramos más frecuentemente son:

- Físico: es el más común. Uno o varios agresores propinan al acosado golpes, empujones e incluso palizas.
- Económico: Si se produce intencionadamente robo o daño a las pertenencias del acosado.
- Verbal: Insultos, apodos, amenazas, burlas, difusión de rumores, chismes y todo lo que conlleve menospreciar y discriminar al acosado.
- Psicológico: amenazas, chantajes, intimidación...

- Social: Aislar al acosado del grupo de iguales.
- Sexual: Acosan sexualmente al victimizado, pudiendo llegar a abusar de él.

Cuando el acoso pasa del entorno educativo a internet y las redes sociales, estamos hablando de ciberbullying. El acosado no puede escapar porque continuamente está recibiendo mensajes en su móvil o en su ordenador. La duración en el tiempo del hostigamiento puede ser imperecedera, así como la rapidez y comodidad con la que se realiza (Garaigordobil, 2013).

Como protagonistas encontramos a los agresores (tienen una gran necesidad de poder y de dominio); los acosados (es la parte que sufre las consecuencias) y los colaboradores, los bullie-víctimas (ellos mismos han sido acosados).

Los niños que sufren acoso escolar tienen mayor riesgo de sufrir problemas de salud mental en su edad adulta, como depresión, ansiedad y autolesiones.

Numerosos estudios han puesto de manifiesto problemas de salud física, dificultades emocionales y de comportamiento, desarrollo social problemático y bajo rendimiento académico asociados a la exposición de los jóvenes a esa violencia.

Ser víctima o víctima–agresiva está relacionado con altos niveles de estrés, ansiedad, depresión y una menor calidad de vida relacionada con la salud para todo tipo de alumnado.

Desde Aldeas Infantiles (2022) nos advierten de que las consecuencias psicológicas pueden ser diferentes, pero comúnmente la víctima puede llegar a manifestar depresión, baja autoestima o ansiedad, manifestadas a través del nerviosismo o tensión al afrontar situaciones como la vuelta al colegio. También trastornos de conducta alimentaria (TCA), vinculados a su vez con esa falta de autoestima, e incluso suicidio, que puede producirse en los casos más graves si no se actúa con celeridad.

Cómo actuar ante una situación de acoso escolar

Es importante implementar programas de convivencia, debatir las normas de régimen interno, realizar variadas actividades para sensibilizar al profesorado acerca de las características del alumnado, favorecer metodologías participativas...

La escuela debe evitar la tendencia a minimizar la gravedad de las agresiones entre iguales, la insuficiencia de la respuesta que ha dado cuando ocurre una situación de violencia, el tratamiento dado a la diversidad como si no existiera.

Los protocolos de actuación son un conjunto de pasos y procedimientos que se ponen en marcha para intervenir ante una supuesta situación de acoso escolar. Es importante disponer de protocolos de intervención bien diseñados y preparados, para la pronta acción correctiva por parte de las autoridades y responsables implicados.

Las intervenciones han de comenzar por diseñar todo un sistema de acciones preventivas. En su forma de prevención primaria, se habrá de implementar maneras de actividad escolar y solución de los conflictos que hagan difícil o improbable los procesos característicos del acoso.

Los profesionales han de actuar sobre tres grupos de personas: profesores, familiares y estudiantes, buscando una eficaz sensibilización ante el problema, haciendo entender los modos en que pueden ayudar a recuperar la tranquilidad del afectado.

La eficacia de los resultados de los programas contra el bullying mejora cuando estos se desarrollan de forma continua, desde una perspectiva de largo plazo más que como una intervención puntual.

La práctica cooperativa desde cualquier materia, junto con el currículum de la no-violencia, deben ser destacados como componentes básicos de la prevención escolar de la violencia.

Distintos expertos españoles recomiendan que la prevención y detección del acoso escolar se trabaje desde los primeros ciclos, en los años de primaria.

En la red, hemos de prevenir las amenazas a la privacidad. Los progenitores tienen una responsabilidad inexcusable sobre los hijos: hay que supervisar las conductas e impedir las de riesgo.

El apoyo parental es el recurso más importante con el que pueden contar los padres para intervenir sobre el comportamiento de acoso de sus hijos.

Acoso escolar y discapacidad

El porcentaje de alumnos con discapacidad que sufre acoso en los centros de educación ordinaria puede superar el 90 por ciento, mientras que en los centros de educación especial no llega al 3 por ciento, según el Consejo Español para la Defensa de la Discapacidad y la Dependencia (CEDDD) (2022).

Por discapacidades, indica que los alumnos con discapacidad física son los que más burlas sufren (26,9%), seguido de la discapacidad intelectual o del desarrollo (26,1%), la visual (17,5), la enfermedad mental (15,4%) y la discapacidad auditiva (14,7%) (CEDDD, 2022).

Estos niños tienden a separarse de los otros niños, quizás por temor al contacto social, para no recibir burlas. Se sienten aislados, rechazados y excluidos.

Sus efectos son devastadores en la autoestima, la salud mental y el bienestar emocional de estos estudiantes con discapacidades.

Otro problema con el que nos encontramos es su dificultad para expresar y contar que son víctimas de acoso, bien por sus limitaciones o por miedo a las represalias.

Debemos promover la educación inclusiva y la sensibilización entre los estudiantes para fomentar un ambiente respetuoso y comprensivo, y enseñar el respeto a la diversidad y la empatía desde los primeros años escolares.

6

Depresión no visible

En la infancia y la adolescencia, la depresión es una de las enfermedades mentales más prevalentes y, además, conlleva una gran afectación a nivel funcional. Se calcula que uno de cada cinco jóvenes de 18 años habrá sufrido en su vida al menos un episodio depresivo clínicamente relevante.

Según una encuesta realizada por UNICEF España (2022), el 15% de los adolescentes presentan síntomas de depresión graves o moderadamente graves. La mayoría no se detecta, lo que conlleva que no se trate.

Desafortunadamente, ocurre con mucha frecuencia que los y las jóvenes no saben interpretar muy bien lo que les está pasando y paralelamente las personas de su entorno atribuyen erróneamente los síntomas a una cuestión propia de la edad o solo observan las conductas disruptivas, sin saberlo relacionar con el trastorno emocional (Voltas y Canals, 2018).

Se estima una prevalencia de depresión en niños del 1-2%, con un incremento exponencial durante la adolescencia hasta el 3-8%. La proporción por sexo sería de 1:1 en niños y 2:1 (femenino vs. masculino) en adolescentes (Oteíza et al, 2023).

Es un problema de salud pública por su alta prevalencia y su coste social y sanitario. Se considera infradiagnosticada e infratratada, y tiene un impacto importante sobre el rendimiento académico, las relaciones interpersonales e intrafamiliares (Prado-Molina et al, 2023).

En la adolescencia se asocia al abuso de sustancias, a trastornos de la conducta alimentaria y al riesgo de desarrollar trastorno bipolar. Es, además, uno de los principales factores de riesgo de suicidio y autolesiones en los adolescentes.

La mayoría de los episodios depresivos adolescentes duran alrededor de ocho meses, aunque es susceptible de convertirse en depresión crónica o recurrente.

Existen una serie de rasgos de la personalidad y de signos que pueden hacernos sospechar que un adolescente es susceptible de caer en procesos negativos de pensamiento. Se trata, por ejemplo, de bajos niveles de atención, pensamientos de baja utilidad de lo que deben hacer y ocupar su tiempo, objetivos muy exigentes, dependencia excesiva de las recompensas a corto plazo o falta de recursos y habilidades comunicativas.

En los niños y adolescentes, el estado de ánimo triste puede ser frecuentemente expresado como irritable, y por tanto, se consideran equivalentes. Esta irritabilidad conlleva que los adolescentes tengan manifestaciones conductuales (oposicionismo, protestas, agresividad, conductas de riesgo...) que pueden ocasionar problemas dentro del entorno familiar, social y escolar y que junto a otros síntomas nos deberían hacer pensar en una depresión. Las otras 7 manifestaciones incluidas en los criterios de Trastorno de Depresión Mayor son: Cambios significativos en el peso o en el apetito, alteraciones en el patrón de sueño, agitación o lentitud psicomotora, fatiga o pérdida de energía, sentimientos inapropiados de inutilidad o culpa, disminución de la capacidad de concentración y pensamientos recurrentes de muerte o ideación de suicidio que pueden haber llegado al intento o a tener un plan para matarse (Voltas y Canals, 2018).

Es importante que el abordaje de los trastornos depresivos se realice desde un punto de vista multidisciplinar. Así, profesionales del ámbito de la medicina, enfermería, psicología y psiquiatría y maestros y profesores, deben realizar si es necesario una evaluación inicial o un cribado, además de saber identificar los múltiples factores de riesgo que pueden intervenir en la aparición de este trastorno o en a la exacerbación de sus síntomas y que hacen más vulnerables a algunos grupos de población (Voltas y Canals, 2018).

También es necesario que estos profesionales pongan en práctica habilidades de comunicación como la escucha activa y que se encarguen de establecer un clima de confianza con los jóvenes que facilite la detección de los problemas del estado de ánimo o del riesgo de presentarlos, poder asesorarlos, ofrecer apoyo o dar la oportunidad de hablar sobre la cuestión y así poder realizar las recomendaciones o derivaciones necesarias (Voltas y Canals, 2018).

Tratamiento

En niños preadolescentes, la opción principal para tratar la depresión es la psicoterapia, complementada con algún tipo de intervención familiar y, si es posible, en coordinación con el centro educativo.

En adolescentes, sin embargo, el tratamiento suele consistir en una combinación de terapia farmacológica y psicoterapéutica. La psicoterapia generalmente se realiza de forma individual y se complementa con asesoramiento familiar.

En cuanto al tratamiento farmacológico, aunque existen varios antidepresivos disponibles para adultos, en España, el único antidepresivo aprobado para uso en niños y adolescentes es la fluoxetina. A veces, ante la falta de tratamientos específicos aprobados y el fracaso de los tratamientos no farmacológicos, los médicos recomiendan medicamentos que no están específicamente aprobados para esta finalidad con la esperanza de proporcionar alivio.

En Estados Unidos esta práctica se conoce como *off label* y es común y no regulada por agencias gubernamentales. En España, esta práctica se llama “utilización de medicamentos ya autorizados en condiciones diferentes a las establecidas en su ficha técnica”.

Hasta hace algunos años requería ciertas autorizaciones, pero un reciente Real Decreto ha otorgado más libertad a los médicos siempre que se sigan ciertos procedimientos, como justificar el uso del medicamento alternativo en la historia clínica, informar adecuadamente al paciente y obtener su consentimiento, y respetar las restricciones establecidas para la prescripción y dispensación del medicamento alternativo.

En conclusión, para el Trastorno Depresivo leve se recomienda solo tratamiento psicoterapéutico. En casos graves, se sugiere generalmente el tratamiento farmacológico junto con apoyo psicoterapéutico. Para casos moderados, se inicia con psicoterapia, pero, si no hay una mejora rápida, se recomienda un tratamiento farmacológico.

En todos los casos es crucial la detección precoz. Desde la psicología se destaca la importancia de factores protectores para el adolescente, como el sentido del humor, las relaciones cercanas con amigos o familiares, la participación en actividades de voluntariado o el contacto con la naturaleza.

La depresión es una muy mala compañera, roba la ilusión a la vida, dibuja en el horizonte la desesperanza, incapacita para formular soluciones y enlentece cualquier capacidad reactiva.

Pero es que, además, en la adolescencia cursa de manera singular, a veces escondida tras posicionamientos oposicionistas, negativistas, siendo que lo que subyace es una depresión profunda, crónica, existencial, que dificulta el afrontamiento de la propia vida.

Llevo años indicando a psiquiatras y psicólogos que estén muy atentos con la depresión que por ser encubierta resulta más peligrosa, como acontece cuando nos bañamos en la mar, sin ser conscientes de la resaca que nos aleja de la playa, de la salvación.

7
Ecoansiedad

La ecoansiedad, definida como la angustia emocional relacionada con la incertidumbre sobre el futuro del planeta debido al cambio climático y otros problemas ambientales, se ha convertido en una preocupación creciente, especialmente entre los jóvenes. Este fenómeno abarca una serie de respuestas psicológicas y emocionales a la crisis ambiental, que pueden variar desde la preocupación hasta el miedo paralizante. En España, esta problemática también se ha reconocido como un desafío emergente, particularmente entre los jóvenes, quienes son especialmente sensibles a los efectos del cambio climático y la falta de acción percibida para mitigarlo.

La ecoansiedad se manifiesta como un estrés crónico relacionado con la percepción de amenazas ambientales. Las personas que experimentan ecoansiedad suelen sentirse abrumadas por el estado actual del planeta y la aparente inacción frente al cambio climático. Esta ansiedad puede estar acompañada por sentimientos de impotencia, desesperanza y culpabilidad, especialmente en aquellos que se sienten personalmente responsables por no hacer lo suficiente para mitigar la crisis ambiental.

En España, la ecoansiedad se ha vinculado con la creciente preocupación por los efectos del cambio climático, como la desertificación, el aumento de las temperaturas y los incendios forestales, fenómenos que son cada vez más frecuentes y severos. La Asociación Española de Psicología y la Fundación Ecología y Desarrollo (ECODES) han señalado que la ecoansiedad afecta tanto a activistas como a personas no comprometidas activamente, pero que experimentan una profunda preocupación por el deterioro del medio ambiente y el futuro de las próximas generaciones.

Consecuencias emocionales y psicológicas

El impacto de la ecoansiedad puede ser significativo, llevando a trastornos de salud mental como la depresión, trastornos de ansiedad generalizada y, en algunos casos, trastornos obsesivo-compulsivos relacionados con comportamientos destinados a reducir el impacto ambiental. Las personas que padecen ecoansiedad pueden desarrollar síntomas similares a los del trastorno de estrés postraumático (TEPT), especialmente después de eventos climáticos extremos como huracanes, incendios forestales o inundaciones.

En el ámbito español, se ha identificado que un número creciente de personas experimenta síntomas de ansiedad, depresión y estrés relacionados con la crisis climática. Esta preocupación constante puede interferir con el funcionamiento diario, afectando la capacidad de las personas para concentrarse, trabajar o disfrutar de la vida. Los jóvenes, en particular, pueden enfrentar dificultades para planificar su futuro debido a la incertidumbre climática, lo que afecta su bienestar emocional y su capacidad para tomar decisiones a largo plazo.

Factores contribuyentes

Diversos factores contribuyen a la aparición y el desarrollo de la ecoansiedad:

- Exposición a información ambiental: La sobreexposición a noticias y contenido relacionado con el cambio climático puede exacerbar la sensación de vulnerabilidad y peligro, alimentando la ansiedad.
- Percepción de ineficacia Personal y Colectiva: La percepción de que los esfuerzos individuales y colectivos son insuficientes para frenar el cambio climático puede aumentar los sentimientos de impotencia y desesperanza.
- Eventos Climáticos Extremos: En España, los veranos cada vez más calurosos, las sequías prolongadas y los incendios forestales han contribuido a un aumento de la conciencia y preocupación ambiental.

- Vinculación Emocional con el Entorno Natural: Las personas que tienen una fuerte conexión emocional con la naturaleza pueden ser más susceptibles a la ecoansiedad, ya que experimentan una mayor angustia al ver la degradación de ecosistemas que valoran profundamente.

Impacto y estrategias de afrontamiento

La ecoansiedad puede tener un impacto devastador en la salud mental, con consecuencias que incluyen aislamiento social, en el que algunas personas pueden aislarse socialmente debido a la desesperanza o al pesimismo sobre el futuro, lo que puede agravar los síntomas de ansiedad y depresión.

Mientras que algunos individuos canalizan su ansiedad en un activismo ambiental intenso, otros pueden quedar paralizados por la magnitud del problema, lo que les impide actuar o tomar decisiones y los lleva a un activismo extremo o parálisis

También aparecen problemas de sueño. La preocupación constante por el medio ambiente puede causar insomnio o pesadillas, lo que a su vez afecta el estado de ánimo y a la capacidad para enfrentar el estrés diario.

Intervenciones y estrategias de afrontamiento

Abordar la ecoansiedad requiere un enfoque multifacético que combine la intervención psicológica con acciones prácticas.

A través de terapias como la cognitivo-conductual pueden ayudar a las personas a manejar sus pensamientos ansiosos y a desarrollar una perspectiva más equilibrada y proactiva frente a la crisis ambiental.

Con educación y activismo positivo, involucrándose en acciones concretas para combatir el cambio climático, como el activismo ambiental, se puede empoderar a las personas y reducir los sentimientos de impotencia. En diversas comunidades autónomas se están implementando programas educativos que buscan no solo informar sobre el cambio climático, sino también empoderar a los jóvenes con herramientas para la acción y la resiliencia.

Practicar mindfulness y pasar tiempo en la naturaleza son herramientas efectivas para reducir la ansiedad y mejorar el bienestar emocional.

Es importante la creación de redes de apoyo entre personas que comparten preocupaciones ambientales. Puede proporcionar un sentido de comunidad y ayudar a las personas a sentirse menos solas en sus luchas.

8
Exclusión social

La exclusión social es un fenómeno complejo y multifacético que afecta profundamente a niños y adolescentes, especialmente a aquellos que provienen de entornos socioeconómicos desfavorecidos, minorías étnicas o familias disfuncionales. Este proceso de marginalización no solo compromete el desarrollo emocional y cognitivo de los menores, sino que perpetúa ciclos de pobreza y desigualdad que pueden persistir a lo largo de sus vidas. La situación es aún más crítica para los menores extranjeros no acompañados (MENAS), quienes enfrentan barreras adicionales debido a su condición migratoria y a la falta de un entorno familiar estable.

En este contexto, es fundamental entender los diferentes factores que contribuyen a la exclusión social, desde la pobreza y la discriminación étnica hasta las disfunciones familiares. Además, es necesario explorar las medidas y políticas que se pueden implementar para mitigar estos riesgos y promover la integración social de los menores vulnerables. Esta revisión abordará estos temas en profundidad, proporcionando una visión amplia y detallada de los desafíos y soluciones relacionados con la exclusión social en la infancia y la adolescencia, con un enfoque especial en las poblaciones más afectadas, incluyendo a los MENAS.

Condiciones económicas

- Pobreza y privación material: Los menores que crecen en entornos de pobreza enfrentan la privación de necesidades básicas como alimentación, vivienda adecuada y acceso a una educación de calidad. Estas carencias no solo afectan a su bienestar físico, sino que limitan sus oportunidades futuras y aumentan su riesgo de exclusión social, perpetuando un ciclo intergeneracional de pobreza.
- Acceso limitado a los servicios: La pobreza limita el acceso a servicios esenciales como la atención médica, actividades extracurriculares, y tecnología. Esta falta de acceso contribuye a la marginación social de los menores y a una desigualdad creciente en la sociedad.
- Sobreocupación y hacinamiento en determinados servicios: En regiones como Canarias, donde la sobreocupación en centros de acogida es significativa, la calidad de la atención se ve gravemente afectada. Esto no solo pone en riesgo el bienestar de los menores, sino que también agrava su exclusión social al no recibir la atención adecuada que necesitan.

Condiciones étnicas

- Discriminación y Racismo: Los niños y adolescentes pertenecientes a minorías étnicas enfrentan discriminación, que puede manifestarse en acoso escolar y segregación en el sistema educativo. Esta discriminación afecta su rendimiento académico, su salud mental y perpetúa su aislamiento social, disminuyendo sus oportunidades de integración.
- Desigualdades en el Acceso a Oportunidades: Las barreras lingüísticas y culturales dificultan la integración de los menores de grupos étnicos minoritarios y su acceso a oportunidades, incrementando así su riesgo de exclusión. Además, la situación se agrava para los menores extranjeros no acompañados, quienes, debido a su condición migratoria, enfrentan obstáculos adicionales en su integración social y acceso a sus derechos básicos.

Condiciones familiares

- Estructura Familiar Disfuncional: Los niños que provienen de familias monoparentales, con altos niveles de conflicto o desempleo, enfrentan un riesgo mayor de exclusión social. Estas condiciones familiares adversas pueden llevar a una falta de apoyo emocional y social, aumentando así la vulnerabilidad de los menores.
- Violencia Intrafamiliar: La exposición a la violencia doméstica impacta negativamente la salud mental de los niños y los aísla socialmente, dificultando la formación de relaciones estables y seguras fuera del entorno familiar.
- Separación Familiar en el Caso de Menores Migrantes No Acompañados (MENAS): La separación de la familia en el caso de los MENAS añade una capa adicional de vulnerabilidad. La falta de un entorno familiar de apoyo, combinada con las dificultades para integrarse en la sociedad receptora, incrementa su riesgo de exclusión social y marginalización.

Impactos psicológicos y sociales

- Salud mental: La combinación de pobreza, discriminación, problemas familiares, y la situación particular de los MENAS incrementa la probabilidad de que los menores desarrollen trastornos de salud mental, como ansiedad, depresión y conductas autodestructivas. Estos problemas, si no se abordan adecuadamente, pueden perpetuar la exclusión social al impedir su participación activa en la escuela y la comunidad.
- Autopercepción y estigmatización: Los menores que experimentan exclusión social, en particular los MENAS, tienden a internalizar el rechazo, desarrollando una baja autoestima y una autopercepción negativa, lo cual los lleva a autoexcluirse aún más de la sociedad. El estigma asociado con su condición migratoria y la percepción pública de los MENAS como un grupo problemático exacerban esta situación.
- Desempeño Escolar y Futuro Laboral: La exclusión social afecta directamente el rendimiento académico de los menores, incluyendo a los

MENAS. Aquellos que se sienten marginados muestran menos interés en participar en actividades escolares, lo que aumenta el riesgo de fracaso y abandono escolar. Además, al cumplir los 18 años, muchos MENAS se encuentran desamparados sin opciones claras de integración laboral, lo que incrementa su vulnerabilidad y perpetúa su exclusión social.

Prevención e intervención

- Programas de Inclusión Social: Es fundamental implementar programas que aborden las necesidades específicas de los niños y adolescentes marginados, incluidos los MENAS, proporcionando apoyo educativo, emocional y social. Estos programas deben reducir las barreras que enfrentan los menores excluidos y fomentar su integración en la sociedad.
- Políticas Públicas y Reparto Vinculante de MENAS: Las políticas que promuevan la igualdad de oportunidades y reduzcan las barreras económicas y sociales son esenciales. En el caso de los MENAS, la reciente propuesta de ley de reforma de la Ley de extranjería en España establece un reparto vinculante de estos menores entre las comunidades autónomas, buscando aliviar la sobreocupación en regiones receptoras y asegurar una atención más equitativa y adecuada.
- Intervenciones Comunitarias y Familiares: Fortalecer las redes de apoyo comunitarias, así como fomentar el acogimiento familiar para los MENAS, puede proporcionar un sentido de pertenencia y reducir el riesgo de exclusión social. La integración laboral temprana, especialmente para los MENAS que alcanzan la mayoría de edad, es clave para prevenir la marginación a largo plazo.

Implicaciones a largo plazo

La exclusión social durante la infancia y la adolescencia puede tener un impacto devastador a lo largo de toda la vida, no solo en términos de desarrollo individual, sino también para la sociedad en su conjunto. Los menores que experimentan situaciones de exclusión están en riesgo de:

- Problemas de salud mental: La falta de acceso a servicios adecuados de salud y apoyo psicológico puede llevar a mayores tasas de depresión, ansiedad, y trastornos de conducta en los jóvenes. Estos problemas pueden perpetuarse en la adultez, aumentando la vulnerabilidad a situaciones de marginalización continuada.
- Bajo rendimiento escolar y abandono: Los niños y adolescentes que crecen en contextos de exclusión, especialmente aquellos pertenecientes a minorías étnicas o con condiciones económicas precarias, tienden a presentar peores resultados académicos. El fracaso escolar y el abandono temprano reducen las oportunidades futuras de empleo y desarrollo personal, lo que perpetúa el ciclo de pobreza.
- Desempleo y precariedad laboral: Los jóvenes que crecen en condiciones de exclusión suelen enfrentar mayores barreras en el acceso a empleos formales y bien remunerados. La falta de cualificaciones académicas y las pocas oportunidades laborales incrementan el riesgo de caer en trabajos precarios, ilegales o informales, agravando su situación de vulnerabilidad.
- Delincuencia y comportamiento antisocial: En muchos casos, los menores excluidos buscan pertenencia e identidad en grupos con comportamientos antisociales o delictivos. Las tasas de delincuencia juvenil tienden a ser más altas entre aquellos que han vivido en condiciones de exclusión social prolongada, lo que a su vez aumenta la estigmatización y la dificultad para reintegrarse en la sociedad.

Recomendaciones

Intervención temprana: es crucial detectar señales de exclusión social desde edades tempranas y proporcionar recursos de apoyo psicológico, educativo y social. Programas de orientación familiar y escolar pueden mitigar muchos de los riesgos mencionados y facilitar la integración de los menores vulnerables.

Programas de inclusión educativa: Iniciativas que ofrezcan tutorías, apoyo extraescolar y acompañamiento emocional en entornos educativos ayudan a reducir las tasas de fracaso escolar. Además, programas de educación intercultural que promuevan la diversidad y la inclusión pueden beneficiar a niños de minorías étnicas y reducir la discriminación.

Fomento de la integración laboral: Para jóvenes mayores de 16 años, sería recomendable desarrollar políticas que faciliten la inserción laboral mediante programas de formación profesional, prácticas laborales remuneradas y apoyo en la búsqueda de empleo. Esta medida ayudaría a prevenir el desempleo y la marginalización económica.

Refuerzo del apoyo psicológico: Incrementar la disponibilidad de servicios psicológicos y de bienestar emocional, especialmente en comunidades con altas tasas de exclusión. Esto implica no solo atención clínica, sino también programas comunitarios de desarrollo de habilidades sociales y emocionales.

Promoción de entornos familiares y comunitarios saludables: Fomentar políticas públicas que apoyen a las familias en riesgo, con acceso a vivienda digna, servicios de salud y ayudas económicas. La integración en la comunidad a través de redes sociales y programas de inclusión cultural también puede ser una herramienta clave para reducir la marginalización.

9
Herramientas para gestionar situaciones

La Inteligencia emocional puede definirse como la habilidad para procesar la información emocional y la capacidad para utilizar las emociones con el objetivo de mejorar el pensamiento (Mayer, Caruso, & Salovey, 2016). Diversas revisiones y metaanálisis permiten afirmar que es un constructo asociado al bienestar de las personas (Arrivillaga y Extremera, 2020).

Para poder prosperar y desenvolverse con éxito, es necesario formar a personas críticas, capaces de enfrentar la incertidumbre, conscientes de sus responsabilidades, emprendedoras, creativas y con altos niveles de bienestar psicosocial. La evidencia empírica pone de manifiesto que esto es posible a través del entrenamiento y desarrollo de la inteligencia emocional (Castillo et al., 2013; Cejudo y Latorre, 2015; Cipriano et al., 2019; de la Barrera et al., 2021; Ruiz-Aranda et al., 2012; Zegarra et al., 2019; Ruiz-Ortega y Berrios-Martos, 2023).

Estos programas de entrenamiento deben comenzar en la educación infantil y transcurrir a lo largo de toda la vida, siendo especialmente importantes para los niños de edades tempranas (hasta los 6 años) y en la adolescencia (Diekstra, 2008).

Actualmente no se duda de que la inteligencia emocional promueve eficientemente el afrontamiento del estrés, el bienestar emocional y, por lo tanto, el éxito personal e incluso profesional (Ordóñez, González, Montoya-Castilla, y Schoeps, 2014; Wang, Xie, y Cui, 2016; Valiente et al, 2020).

García de Leaniz subraya que desarrollar la inteligencia emocional en esta etapa convulsa puede ayudar a los jóvenes a gestionar mejor sus emociones (especialmente el estrés y la ansiedad), a cuidar su autoestima, mejorar su rendimiento académico y gestionar mejor sus relaciones sociales. Todo ello conllevaría un fortalecimiento de su salud mental y un aumento de su bienestar emocional (Rodríguez Curbelo, 2022).

Empatía

La empatía permite reaccionar, relacionarse y entender a los demás, también tratar de comprender la realidad subjetiva del otro, en otras palabras, ponerse en sus zapatos. Te permite saber cómo se sienten los demás y cómo las acciones que uno realiza les afectan, lo que propicia comportamientos más conscientes.

Exige que a la otra persona se le considere como un igual, no en conocimientos, experiencia o madurez; sino en lo que se refiere a los sentimientos que nos motivan a todos.

Tener empatía nos proporciona una gran riqueza tanto en conocimiento (de la naturaleza humana) como en experiencia (para relacionarnos mejor). Al despertar nuestra empatía obtenemos grandes cambios en nosotros, pues nos comunicamos y actuamos considerando a los demás.

Las personas empáticas están mejor adaptadas emocionalmente, tienen un mayor manejo de sus emociones, son mucho más populares, más sensibles, más sociables, se relacionan mejor sentimentalmente, son más comprensivas, más generosas y mejores negociadoras.

En los niños, la sensibilidad es fácil de reconocer. Son afectuosos y gozan con el contacto personal y el cariño físico. Responden con mayor sensibilidad de lo esperado a las palabras y a los gestos cuando se sienten heridos, vibran con la música y relacionan olores, colores, aromas y sabores con experiencias o momentos de su vida cotidiana.

Son receptivos a las expresiones de la cara, a la mirada y, por este motivo, son capaces de predecir lo que el otro hará o sentirá. Poseen más empatía y sintonizan con las emociones de la otra persona.

Se ha comprobado que aquellos que tienen problemas con su grupo de iguales en etapas tempranas de la vida, suelen pasar por dificultades serias durante la adolescencia y la edad adulta.

En la adolescencia alcanza mucha importancia. Se preocupan por sus amigos, sufren y se divierten con ellos. Pero también son capaces de sentirse concernidos por causas justas, poniéndose en el lugar de los más desprotegidos.

Tenemos que educar a los hijos en la empatía para ponerse en el lugar del otro, en las neuronas espejo, en la sensibilidad, en la compasión, en saber perdonar y perdonarse. No caigamos en el recuerdo y recuento de lo negativo. La memoria es importante, pero no lo es menos el olvido.

Autoconocimiento

El proceso más intenso de autodescubrimiento tiene lugar durante la preadolescencia, adolescencia y juventud, que es cuando más se forma nuestra identidad, pero seguimos conociéndonos y aprendiendo sobre nosotros durante toda la vida, al mismo tiempo que seguimos evolucionando (Beneitez, 2022).

A través del autoconocimiento aprendemos a desenvolvernos con eficacia en la vida y a afrontar nuestro día a día de manera óptima. Saber realmente cómo somos, qué sentimos o qué metas queremos alcanzar. Entender quiénes somos, saber identificar nuestras emociones y actuar en consecuencia. Habilidades que nos permiten regular nuestro comportamiento, resolver problemas de modo eficaz y tomar decisiones (De Dios González, 2023).

Asimismo, con el autoconocimiento aprendemos a identificar nuestras capacidades, pero también nuestras limitaciones. Esto nos ayuda a planificar metas de manera realista para evitar frustraciones futuras (De Dios González, 2023).

Es clave para el bienestar psicológico; pues nos permite desarrollar una gestión adecuada de nuestras emociones, especialmente en las situaciones más difíciles. Esto, a su vez, nos ayuda a cultivar relaciones sanas, ya que en la medida que aprendemos a expresarnos con asertividad, evitaremos las situaciones conflictivas y los malentendidos (De Dios González, 2023).

Fortalecer el carácter

Podemos forjar el carácter desde nuestro ser y en relación con nuestras circunstancias. Nos gusta perfeccionar lo que nos rodea, así que haremos bien en mejorarnos a nosotros mismos, y para ello hemos de ser adaptables, flexibles, dúctiles.

Deberíamos plantearnos si sería positivo para la humanidad erradicar todo tipo de sufrimiento, lo que nos privaría de la compasión y de otros sentimientos tan próximos a la empatía. Que el sufrimiento no se niegue, no se oculte, es parte de la vida, pues contribuye a su formación y crecimiento.

No nos gusta vivir en la incertidumbre, pero habremos de acostumbrarnos a manejarnos en ella. La intuición nos facilita recurrir a la reserva de conocimiento que poseemos, en muchas ocasiones aprendiendo intencionada o subliminalmente, y de la que no somos conscientes.

No caigamos en el recuerdo recurrente de lo negativo, de lo paralizante, de lo que nos envenena, de lo que no se puede cambiar; pero sí de la memoria que nos hace crecer.

Poseemos o hemos de poseer principios morales y estructuras éticas que rijan nuestra forma de conducirnos, pero también de elaborar, de posicionarnos.

En una sociedad que busca el bienestar y a veces de forma tan obsesiva como pueril la felicidad, existe una excesiva medicalización, una necesidad convertida casi en moda de terapeutas, de coach, de abogados, para no afrontar la vida con sus partes áridas, rugosas, nada cómodas.

La humanidad solo podrá mejorar cuando lo haga la educación y se extienda a todos y por todas partes.

Se está generalizando mucho dar una opinión sin haber contrastado las fuentes de información, sin haberse parado a reflexionar, es decir, hablar por hablar, sin criterio, sin conocimientos, sin las características propias con las que avanza la ciencia.

Hemos de hacer lo que debemos, lo que consideramos, y eso exige coraje. Somos animales espirituales, instintivos, pero con alma. Siempre hablándonos entre mente y cerebro, cuestionándonos entre evolución y Dios.

El ansiolítico natural es la actividad física –también reduce la ansiedad y el estrés–, la relajación, la meditación.

Nos distinguimos de otras especies también por la capacidad de reír. Es muy importante pensar y reír de manera entrelazada. Desde luego, las personas que no se ríen de sí mismas y de las que no se puede uno reír son peligrosas.

Es muy bueno tener confianza en uno mismo, pero se debe basar en los hechos. No debemos de confiar en todos, pero no confiar en nadie es tan injusto como patológico.

La capacidad de perdonar resulta esencial. Perdonar a los demás y en otros casos, no en todos, perdonarse a uno mismo.

La vida tiene momentos de dolor, circunstancias difíciles y exige capacidad para cambiar, para adaptarnos. La actitud con «C» es esencial en la vida. Nacemos con aptitudes, con capacidades, con talentos, pero con un mínimo que poseamos de ingenio podremos desarrollar mucho. Hay que aplaudir a quien busca soluciones, a quien construye, a quien dinamiza.

La desesperanza viene de la mano de no tener una razón para existir, para continuar, para ilusionarse. A la vida hay que ponerle pasión, no está mal romper el corazón en el intento.

Los valores guían las conductas

Los sistemas de valores de los hijos coinciden en gran medida con los de sus padres. Los padres trasmiten a sus hijos el desarrollo del esfuerzo, el amor por los estudios, la asunción de responsabilidad, la solidaridad…

El respeto es reconocer que alguien o uno mismo tiene valor, que debe ser admirado y querido, que ha de cuidar y apreciar las cualidades propias y ajenas. Significa que una persona o colectivo tenga consideración por la dignidad de la persona o de los sucesos y las cosas, por las distintas culturas y países, por las leyes, la naturaleza.

Tener una actitud abierta y tolerante hacia las opiniones, creencias y formas de expresión de los otros logrará una convivencia en armonía.

Respetarse a uno mismo significa aceptar la propia dignidad, identidad, y desde la propia aceptación y estima es como se puede aceptar a otra persona. El respeto a uno mismo es el componente más importante de la autoestima.

Hay que desarrollarlo desde la infancia, hacia uno mismo (lo que ayudará al niño a madurar y adquirir responsabilidad) y hacia los demás (para aprender a convivir).

Para ejercer el respeto hay que transmitirlo a los demás y también conseguir que se muestre hacia nosotros. Si aceptamos ofensas, violencias y humillaciones, estamos dejando de demostrar respeto hacia la propia dignidad.

Los padres no hemos de ser solemnes, pero sí hemos de tomarnos en serio y hacernos respetar. La salud familiar exige respeto y en ese sentido aceptar un "no" del otro.

Para mostrar respeto hace falta tener tolerancia, es decir, ejercer un grado de aceptación de lo distinto (que podemos tener o admitir), poseer una actitud abierta, de escucha, de generosidad y lealtad.

La tolerancia se relaciona con el poder, pues tener más poder implica más responsabilidad y ejercer más tolerancia, ya que existe el riesgo de fragilizar y abusar de las relaciones. Esa responsabilidad solo es posible desde el respeto, la escucha al otro, ser generosos y leales con nosotros mismos y con los demás.

Para propiciar la higiene mental y la salud psíquica, hemos de enseñar a afrontar los conflictos. Hemos de aprender a vivir en la pluralidad, donde caben las diferentes posturas e ideas. La diversidad de los otros nos permite aprender de ellos, conocer nuevas ideas y experiencias. Siempre enriquece. Hemos de dar valor a cada forma de ser persona.

La diversidad es una oportunidad para el autoconocimiento y un reto constante al establecer relaciones a lo largo de toda la vida. Una actitud de intentar comprender antes de juzgar al otro es fundamental para interiorizar este valor que nos acerca a los demás y permite la convivencia.

Como padres, debemos dar ejemplo ante los niños con conductas respetuosas y con explicaciones claras, tratando de conocer al otro y entendiéndole. En familia hemos de enseñar a tomar en serio a los demás y a respetarlos.

Robustecer la dimensión espiritual

La espiritualidad es el sistema interno de creencias, produce el sentimiento de vivir con un sentido, estimula la esperanza, refuerza las normas sociales positivas y proporciona una red social de apoyo, todos ellos elementos que mejoran el bienestar personal.

Trascender entendido como una mera superación de sí mismo no es suficiente. Todo el proceso debe estar complementado con un verdadero cambio en el entorno que rodea a la persona.

El camino de la espiritualidad es un descubrimiento del propio yo. Un deseo de encontrarle sentido a la vida y de vivirla en profundidad.

Educar en la espiritualidad es formar un individuo capaz de aceptar a los demás tal como son, con sus defectos y atavismos, apto para cualquier intercambio psicológico, ya que él posee una motivación constante que no se perturba. Estas motivaciones están basadas en la comprensión de que existen satisfacciones superiores al contentamiento que surge del conformismo o las que emanan de las imposiciones sociales. En cambio, se caracterizan por la colaboración, el intercambio, el trabajo productivo y la comprensión.

El ser humano precisa y seguirá precisando de espiritualidad, más allá de las religiones. De sentido de la transcendencia, de criterio vertical, no sólo horizontal de la vida.

Los padres pueden y deben promover en sus hijos el crecimiento espiritual, al igual que se cultiva el crecimiento físico, el emocional, el intelectual y el social.

La formación de la dimensión espiritual de un niño se logra por medio de una estrecha comunicación con los padres, en la que se den respuesta a muchas de las preguntas esenciales de la vida.

10
Identidad sexual / Identidad de género / Orientación sexual

Nos dice la OMS que la salud sexual está ligada a la medida en que se respetan, protegen y cumplen los derechos humanos.

Los derechos sexuales constituyen la aplicación de los derechos humanos existentes a la sexualidad y a la salud sexual. Protegen el derecho de todas las personas a satisfacer y expresar su sexualidad y a disfrutar de la salud sexual, con el debido respeto por los derechos de los demás, dentro de un marco de protección frente a la discriminación.

La orientación no se puede cambiar exteriormente. No existe manera de, a una persona heterosexual, volverla homosexual. Es decir, no es posible cambiar el deseo sexual. Del mismo modo, no es posible transformar a una persona homosexual o bisexual en heterosexual. Esto implica que todo intento de "reconversión" supone maltrato y un tipo de tortura.

Debemos distinguir algunos términos básicos como:

- **Identidad sexual:** Sexo biológico, género y rol otorgado al nacer.
- **Identidad de género**: Como se identifica la persona independientemente del sexo biológico.
  - Cisgénero: la identidad de género coincide con el sexo asignado al nacer.

  - Transgénero: su identidad no corresponde al sexo asignado al nacer.
  - Transexual: al no coincidir su identidad con el sexo asignado, deciden iniciar una transición hormonal y quirúrgica.
  - No binario: no se identifican de forma clara con ninguno de los dos géneros.

- **Orientación sexual**: Hacia donde se dirige nuestro deseo y atracción sexual.
  - Heterosexualidad: atracción de una persona a otra de género opuesto.
  - Homosexualidad: atracción de una persona a otra del mismo género.
  - Bisexualidad: Atracción de una persona por más de un género.
  - Pansexualidad: Atracción que surge independiente del género.
  - Asexualidad: No se siente atracción sexual hacia las personas, independiente del género.

La identidad sexual se refiere al conjunto de características biológicas, psicológicas y sociales que definen la orientación sexual de una persona. En el caso de los niños, este proceso de identificación inicia desde los primeros años de vida, cuando comienzan a tomar conciencia de su género y su identidad sexual. Durante este período, los niños empiezan a explorar su sexualidad y a formar su identidad sexual. Es importante que los padres comprendan este proceso y sepan cómo abordar el tema de la orientación sexual en los niños (Gámez, 2024).

Algunos indicadores incluyen la elección de juguetes, la preferencia por determinadas actividades y la forma en que se relacionan con otros niños y niñas. Es importante respetar y apoyar las elecciones y preferencias de los niños, sin imponerles estereotipos de género (Gámez, 2024).

La orientación sexual no es solamente una característica personal de un individuo. Más bien, la orientación sexual define al grupo en el que una persona probablemente pueda establecer las relaciones románticas satisfactorias y plenas que son un componente esencial de la identidad personal para muchas personas.

Debido a los prejuicios y la discriminación, a muchas personas les cuesta aceptar la identidad de su orientación sexual, por lo que asumir dicha identidad puede ser un proceso lento.

En la adolescencia se fija la identidad sexual, por ello pueden apreciarse exploraciones, dudas, conductas que han de entenderse como necesidad de experimentar la sexualidad y no interpretarse con premura o erróneamente.

Conversaciones, tocamientos, son absolutamente normales entre preadolescentes del mismo sexo. Generalmente estas relaciones son epidérmicas. Pueden vivir experiencias de gran amistad sin indicio de conducta sexual o con una orientación sexual aún vacilante a algunas prácticas homosexuales pasajeras que no confirman su homosexualidad y que llegan a vivirse con vergüenza. Los padres tienen que saber y transmitir que esas dudas o atracciones no predeterminan que el hijo o la hija sean homosexuales.

Los chicos descubren su tendencia homosexual con la repetición de experiencias y sobre todo la exclusividad de este tipo de relación sexual. A partir de los 17 o los 18 años suelen definir su opción y mantener estas relaciones a escondidas por sentirse inicialmente avergonzados.

Hay que hablar y estar cerca del hijo. No culparlo, ni despreciarlo. No se puede negar la realidad, ni intentar influir sobre una opción que es absolutamente personal.

Los padres han de ser receptivos, comprensivos, eludiendo miedos, minimizando dolores. La ayuda psicológica es recomendable en algunos casos.

A veces no somos conscientes del sufrimiento que supone para los adolescentes afrontar esta situación, tanto porque sus sentimientos son distintos de los de sus amigos y compañeros como por el acoso que sufren continuamente.

"Salir del armario"

Ante las situaciones de discriminación o de rechazo, muchas personas LGTBI+ que no son aceptadas por su entorno social, familiar, laboral, etc., mantienen oculta su sexualidad o identidad sexual y de género. Comúnmente llamamos a esto "estar dentro del armario". Salir del armario es entonces el proceso por el cual las personas LGTBI+ toman la decisión de compartir este aspecto de su sexualidad o de su identidad con otras personas (Solá, 2020).

Es un proceso complejo que ha de ser voluntario y personal, no se debe sentir presionado a hacer algo para lo que no está preparado, ha de hacerlo cuando realmente esté seguro. No es ninguna obligación revelar la identidad sexual o de genero de las personas.

Es bueno contar con alguien que dé apoyo, confianza, que mantenga la autoestima y refuerce emocionalmente al adolescente.

Es importante tener toda la información posible sobre su orientación, para así poder ayudar a la familia a que comprenda y valorar si es un buen momento emocional para la familia, que no haya otras situaciones graves que les quiten la atención.

También hay que considerar si se depende o no económicamente de la familia, por si no reaccionan bien y retiran el apoyo económico u obligan al adolescente a salir del hogar familiar.

Personas trans

Hay personas que no se identifican con el sexo/género que le asignaron al nacer, es lo que llamamos personas trans: transexuales, transgénero o personas no binarias (Solá, 2020).

Según la APA (2011), las personas trans experimentan su identidad transgénerica de diversas maneras y pueden llegar a tomar conciencia de su identidad transgenérica a cualquier edad. Algunas personas pueden rastrear sus identidades y sentimientos transgenéricos desde que tienen memoria. Pueden tener sentimientos ambiguos de "no encajar" con otras personas de su sexo asignado o con los deseos específicos de ser algo diferente de su sexo asignado. Otras se dan cuenta de sus identidades trans o comienzan a experimentar y explorar actitudes y conductas desconformes con el género durante la adolescencia o mucho más adelante en sus vidas.

Algunas personas trans asumen sus sentimientos transgenéricos, mientras que otras luchan contra sentimientos de vergüenza o confusión. Aquellas que realizan la transición más tarde en sus vidas posiblemente hayan luchado por adaptarse correctamente según su sexo asignado, para más adelante afrontar insatisfacción en sus vidas.

Algunas personas trans se identifican como hombres o mujeres, mientras que otras lo hacen con categorías de género no-binarias. Algunas personas trans deciden llevar a cabo modificaciones corporales (hormonas y/o cirugías) para adecuar su aspecto y apariencia a lo que la sociedad entiende que es un hombre o una mujer. Mientras que otras deciden no modificar su cuerpo y expresar su género mediante la elección de la ropa, la alimentación, el ejercicio físico u otros elementos y manifestaciones (Solá, 2020).

Las directrices sobre las terapias médicas en la infancia y la adolescencia trans contemplan la necesidad de atender a estos menores por equipos multidisciplinares expertos en identidad, pudiéndose requerir profesionales de pediatría, psicología, endocrinología, servicios sociales, entre otros. Sería deseable el modelo de decisión compartida en donde las familias sean informadas por un profesional con formación especializada en identidad, así como en los tratamientos disponibles, sus efectos, consecuencias y limitaciones, para establecer expectativas realistas, elaborar un itinerario individual del proceso de confirmación de género y, en caso de ser requeridas, establecer las pautas de la terapia endocrina, inicialmente dirigida a suprimir la pubertad endógena (bloqueo puberal) para posteriormente, ante una clara afirmación de la identidad sentida, inducir las características sexuales deseadas (terapia hormonal de afirmación de género o cruzada) (Moral-Martos et al, 2022).

Por otra parte, en el año 2023 se aprobó la ley 4/2023 para la igualdad real y efectiva de las personas trans y para la garantía de los derechos de las personas LGTBI. Su objetivo es desarrollar y garantizar los derechos de las personas lesbianas, gais, bisexuales, trans e intersexuales erradicando las situaciones de discriminación, para asegurar que en España se pueda vivir la orientación sexual, la identidad sexual, la expresión de género, las características sexuales y la diversidad familiar con plena libertad (BOE, 2023).

La Ley 4/2023 descansa sobre la autodeterminación de sexo, donde cada persona puede cambiar su sexo registral mediante un trámite puramente administrativo, sin más requisito que su propia voluntad (Suárez, Téllez y Martínez, 2024).

Por otro lado, prohíbe todas aquellas prácticas de modificación genital en personas menores de doce años, salvo en los casos en que las indicaciones médicas exijan lo contrario en aras de proteger la salud de la persona. En el caso de personas menores entre doce y dieciséis años, solo se permitirán dichas prácticas a solicitud de la persona menor siempre que, por su edad y madurez, pueda consentir de manera informada a la realización de dichas prácticas (BOE, 2023).

Es de relevante importancia trabajar en el contexto educativo y de la sociedad en general la sensibilización hacia el colectivo LGTBI+ con la inclusión y el desarrollo de conceptos como el de identidad de género.

LGTBI+fobia

De los 2.268 delitos de odio que se cometieron en España en el año 2023 según el informe de la evolución de los delitos de odio del Ministerio del Interior, 381 estaban relacionados con la orientación sexual o la identidad de género de la víctima.

La mayoría de los delitos suelen ser de agresión verbal y seguidos de agresiones físicas, exclusión, discursos de odio o discriminación. Y se dan en espacios cercanos a la víctima (trabajo, centro educativo, el propio hogar, locales de ocio...).

La tasa de suicidios en jóvenes LGBTI+ ha aumentado, y es que las personas LGBTI+, sobre todo los trans, son las más vulnerables ante el acoso y los delitos de odio. Cuando el acoso verbal o físico ya ha dado paso a unas dinámicas de agresiones, aislamiento e incomprensión que resultan fatales para la estabilidad psicológica del menor, la única solución que este contempla es la del suicidio.

Los adolescentes homosexuales tienen 4 veces más probabilidades de intentar suicidarse en comparación con los adolescentes heterosexuales. Además, el dolor que sienten los adolescentes homosexuales cuando se burlan de ellos afecta a quienes los rodean (Koplewicz, 2024).

La forma más virulenta y reticente de esta lacra se da en el acoso escolar, lo que hace que el abandono escolar se dispare. Tampoco cuentan con el apoyo de sus iguales, por miedo a ser señalados también, ni de su entorno más cercano.

El "bullying" motivado por la orientación sexual, la identidad de género y la expresión de género sigue siendo el mayoritario en España. Todas las medidas que en la actualidad se llevan a cabo siguen sin ser suficientes para acabar con una problemática tan grave.

Con los alumnos se debe trabajar la gestión de conflictos, la inteligencia emocional, y la asertividad. Hay que impartir coeducación, basada en la igualdad y la diversidad. Es importante realizar debates en clase sobre las personas LGTBI y hacerles saber a los alumnos que este tipo de discriminación no está bien, es inadmisible.

Y, muy importante, cada centro educativo debe tener un protocolo de actuación para estos casos, específicamente si el acoso es hacia menores trans. La escuela debe ser un entorno seguro.

Apoyo familiar

Como padres de un adolescente LGTBI+, es importante que sigamos de cerca su desarrollo afectivo. Que no exista una sola familia en la que los hijos tengan que vivir a escondidas sus sentimientos y que ningún padre ni ninguna madre dude de la calidad humana de un hijo o de una hija por el hecho de ser LGTBI+.

Nunca, ni por vergüenza ni por miedo, la familia debe silenciar la orientación afectivo-sexual o la identidad de género de un hijo o de una hija cuando no es la que se le presuponía.

Se debe tener en cuenta que cuando hablamos de homosexualidad, bisexualidad y transexualidad, también estamos hablando de sentimientos. Es necesario que cada joven LGTBI+ sienta el apoyo familiar si le fallase el de la sociedad.

Hay que comprender que enamorarse y amarse son sentimientos que no pertenecen únicamente a la pareja heterosexual, sino que también pueden nacer entre dos personas del mismo género.

En cuanto al género con el que se identifica un hijo o hija, hemos de estar atentos desde sus primeros años, y si los roles que manifiesta no fueran los convencionales, procurar ser ante todo padres y apoyarle incondicionalmente.

11
Importancia de la amistad en la adolescencia

Se deberían conocer y fomentar las compañías de nuestros hijos desde las primeras edades. Si les permitimos y facilitamos desde pequeños que traigan a casa a los amigos, tendremos la posibilidad de aconsejarles sobre sus amistades.

También será un buen momento para reforzar el valor de la amistad, que supone lealtad y dedicación a los amigos.

En la adolescencia la amistad se encumbra al máximo nivel, llena la vida de contenido, existe mucha entrega en esta bella relación. Son leales, no creen que sus amigos les puedan fallar.

Un reciente estudio realizado por FAD Juventud y Fundación SM (2024), señala claramente que la amistad es uno de los pilares centrales en la adolescencia, es su referente esencial fuera de su familia.

Con sus amigos se sienten valorados, los escuchan y respetan, sienten que importan a alguien y eso les sirve como red de seguridad. Creen que de los amigos se aprende y que te mejoran como persona, lo que les hace manejar habilidades como la empatía, el respeto, la confianza y la lealtad.

Están convencidos de que las redes sociales no los aíslan, al contrario, desarrollan más lazos de amistad incluso estando separados geográficamente.

La comunicación emocional efectiva es otro aspecto que plantea desafíos en el entorno digital. En respuesta a la ausencia de señales no verbales en la comunicación digital, los jóvenes utilizan emojis, GIFs y otros elementos visuales para añadir una dimensión emocional a sus conversaciones, lo que ayuda a prevenir malentendidos y enriquecer la interacción (Fundación SM, 2024).

En cuanto a los roles de género, cada vez tienen una visión más inclusiva y equitativa de la amistad, a la vez que desafían los estereotipos atribuidos y las expectativas de género y adoptan una visión más igualitaria de la amistad, redefiniendo lo que significa ser amigo, buscando relaciones basadas en la igualdad, el respeto mutuo y la colaboración, contribuyendo a relaciones mucho más sólidas, auténticas y donde todos son valorados y aceptados por quienes son (Diario de Educación, 2024).

No hay nada con lo que disfrute más su hijo que estando con sus amigos, ya sea practicando deporte, hablando, jugando con videojuegos o "tomando" algo (con alcohol o sin él). Los chicos precisan de zonas y tiempo para comunicarse, siendo esta tal vez una de las motivaciones para participar en el "botellón" (compartir bebida en sitios públicos), y estar "conectados" con mensajes ininterrumpidos.

Los jóvenes necesitan sentirse aceptados e integrados. Así, se identifican en su forma de vestir, argot, música... con su grupo de referencia, si bien este no debe constituirse en sustituto de fallas relacionales, principalmente de la figura paterna, lo que dará lugar a la búsqueda del padre-grupo en sus iguales.

Tanto es así que pareciera que solo escuchan a sus amigos en esta etapa y por eso los padres los utilizan en algunos casos como mediadores.

Las amistades se eligen y en ellas aprenden a reconocerse a través de los otros, si bien los amigos son referencias cambiantes y los padres son puntos de referencia constantes.

Los jóvenes aprecian mucho el valor en la amistad de "ser legal", de no engañar, de comprometerse, de poder confiar en alguien. Buscan, y en muchas ocasiones ofrecen, fidelidad en sus relaciones.

En el grupo, el adolescente aprende a saber quién es en realidad fuera del ámbito familiar, va formando una personalidad e identidad social lejos de las reglas familiares y escolares.

El grupo es el que educa a través de la necesidad de "formar parte" que arrastra con una fuerza irresistible a la imitación y a la comparación.

Los amigos pueden servir para socializar o para todo lo contrario, por eso es tan importante conocerlos, saber cuáles son sus características (edades, utilización del tiempo libre) y si sus intereses son los propios de la edad que tienen.

Es esencial que los chicos sepan elegir amigos sanos y duraderos. Lo normal es que tengan motivaciones o formas de posicionarse similares a las suyas, por ello de sus expectativas y necesidades dependerán en gran medida las características de quienes componen su grupo.

Es positivo ampliar perspectivas y contactos, tener amigos distintos a los del instituto para que puedan cambiar de roles (papeles).

Han de aprender a mantener las amistades dedicándoles tiempo y siendo leales con ellas.

Posibles riesgos en las amistades

Los padres deben estar al tanto de con quién salen sus hijos, conocer cómo son las personas con las que pasa tanto tiempo, puede que incluso más que con ellos (Montagud, 2021).

La influencia, en sí misma, no tiene por qué ser negativa, pero sí que implica ciertos riesgos, puesto que el adolescente puede sentirse presionado por su grupo de iguales para actuar de una manera que jamás haría si la hubiera reflexionado en solitario. El motivo por el que se comporta de una forma que va en contra de su sentido común o intereses, es el miedo al aislamiento y la soledad de negarse a hacer lo que sus amigos le piden que haga (Montagud, 2021).

Esto es lo que denominamos la presión de grupo, la influencia que ejerce un grupo sobre el comportamiento de una persona para que actúe de cierta manera con el fin de no ser excluido del mismo (Escobar, 2021).

Surge cuando un adolescente siente que necesita adaptarse o ajustarse a las expectativas o normas del grupo para mantener su pertenencia y aceptación. Este fenómeno es especialmente fuerte debido a la vulnerabilidad emocional y la sensibilidad al juicio social que caracterizan esta etapa del desarrollo.

La presión grupal puede complicarle la vida al adolescente, ya que puede influir para que haga algo peligroso que tenga consecuencias serías. Las presiones negativas lo harían hacer cosas como: desobedecer a sus padres, hacer bullying a otros compañeros, usar drogas, consumir alcohol, participar en conductas sexuales sin precaución, violencia, vandalismo y actividades delictivas (Escobar, 2021).

Las consecuencias de estas conductas pueden tener repercusión tanto a nivel físico como en su salud mental.

Uno de los científicos más importantes en el campo de estudio de la presión social es el psicólogo Salomon Asch, que llevó a cabo varios experimentos para comprobar cómo la presión social ejercida por compañeros puede influir en el juicio del sujeto experimental. El participante, tras varios intentos, prefería contestar de forma equivocada y estar en consenso con los falsos participantes que dar la respuesta que sabía que era la acertada (Montagud, 2021).

La mayoría de los adolescentes, por miedo a ser rechazados, deja de lado sus convicciones personales a cambio de pertenecer a un determinado grupo social. Si bien esta situación no es permanente, pues con el paso del tiempo las personas terminan por respetar su ideología, durante la adolescencia el ansia de aceptación es tan intensa que hace que oculten cualquier opinión que crean que pone en peligro su aceptación social (Montagud, 2021).

Los adolescentes con una alta autoestima tienden a ser más autónomos en sus decisiones y menos influenciables por las presiones externas. En cambio, aquellos con una baja autoestima pueden sentirse inseguros y recurrir a la conformidad como un mecanismo para sentirse aceptados o valorados.

También influye pertenecer a un entorno familiar sólido y afectivo, ya que les hace sentirse más seguros de sí mismos y buscan menos una validación externa. Por el contrario, en aquellos adolescentes que crecen en ambientes desfavorables puede aumentar la vulnerabilidad ante la presión de grupo.

En cuanto a las consecuencias psicológicas de esta presión, pueden experimentar sentimientos de culpa, vergüenza y arrepentimiento, lo que afecta a su autoestima y bienestar emocional a largo plazo. Estos sentimientos pueden derivar en problemas más serios, como ansiedad, depresión o trastornos de la conducta.

Las habilidades de resolución de conflictos, la educación emocional, y el fomento del pensamiento crítico son herramientas esenciales para ayudar a los adolescentes a no ceder ante la presión de grupo.

Es fundamental que los padres conozcan a los amigos de sus hijos. Por tanto, deberán favorecer que se den situaciones para ello, invitarlos a venir a casa y preguntar a sus hijos por ellos sin agobiar, aprovechando los momentos en que quieran hablar. Del mismo modo, y para corresponderlos, les presentaremos a nuestros amigos. Igualmente, es muy positivo que los padres conozcan a los padres de los amigos de sus hijos.

Si la situación pasa a ser de amistades perjudiciales, si es necesario habrá que prohibirlas y llenar los tiempos con otros contenidos –apuntarse al gimnasio, la danza, las obras de teatro, etcétera–. En ocasiones, además de buscarles actividades donde se facilite la relación con jóvenes sanos, se precisa la implicación de los padres con sus hijos en algunas actividades, como asistir a espectáculos deportivos.

Se pueden "prohibir" desde la función tutelar aquellas relaciones que objetivamente se consideran de manifiesto riesgo. Los progenitores no son jueces, no pueden etimológicamente prohibir, pero han de velar y hacer valer su autoridad, su condición y sus posibilidades normativas para cumplir su función tutelar y protectora. La *patria potestas* nos obliga y el Código Civil nos apoya.

Exposición a conductas antisociales: imitación de comportamientos agresivos o ilegales

El comportamiento antisocial en adolescentes se refiere a acciones que infringen las normas sociales más elementales y que afectan al respeto hacia los derechos de los demás. Generalmente, este tipo de conducta incluye robos, actitudes violentas, peleas, actos de vandalismo, mentiras repetidas, faltas constantes a la escuela e incluso escaparse de casa. Es obvio que, a mayor frecuencia e intensidad de estos comportamientos, más grave se vuelve la situación.

Una parte importante de los niños y niñas que tienen este tipo de comportamiento durante la infancia y la adolescencia mostrarán algún desajuste en la vida adulta (Garaigordobil y Oñederra, 2010, Garaigordobil y Maganto, 2016).

Cuando un adolescente está expuesto a modelos que exhiben comportamientos antisociales –sean estos pares, familiares o personajes mediáticos– es más probable que imite esos comportamientos, especialmente si percibe que estos son recompensados de alguna manera.

Además de la observación directa, la exposición a la violencia en medios de comunicación, videojuegos, y redes sociales también puede desempeñar un papel en la imitación de comportamientos agresivos.

Los adolescentes que crecen en hogares disfuncionales, donde hay violencia, abuso de sustancias o criminalidad, son más propensos a adoptar comportamientos antisociales, porque al normalizarse dentro del entorno familiar, refuerza la idea de que estas conductas son aceptables o inevitables.

También ocurre cuando carecen de supervisión parental o crecen en entornos donde no están claros los límites. Esta falta de disciplina lleva al adolescente a buscar la validación de su comportamiento entre sus pares.

Es notorio que en barrios donde la criminalidad o las pandillas tiene presencia significativa, los adolescentes se vean presionados a imitar los comportamientos violentos o ilegales como forma de supervivencia y aceptación.

Participar de conductas violenta o ilegales conlleva una serie de emociones negativas como la culpa, la vergüenza, la ansiedad o la depresión entre otras. Además de poder llevar a consecuencias legales.

Todos estos patrones pueden ser muy difíciles de modificar una vez que se han arraigado, lo que complica su integración social en la adultez.

Fugas

Abandonan el hogar durante varias horas o días sin dar noticias de su paradero. Suele tratarse de una búsqueda de libertad y agresión indirecta a los padres. También puede ser una forma de reclamar atención ligada a un conflicto interno.

Hay que escuchar al hijo, saber qué lo condujo a realizar esa señal de alarma. A veces actitudes hostiles, incontroladas, empujan al hijo a huir de casa. Al final, si vuelve es que no ha encontrado en la realidad lo que buscaba en el imaginario.

Jamás debemos dejarnos chantajear ante el riesgo de una posible fuga futura.

Robos

Podemos encontrarnos con que nuestro hijo a veces sustrae pequeñas cantidades del monedero. Hemos de hacerle entender que con esa acción está menoscabando nuestra confianza y hemos de ser severos en la respuesta. Por supuesto, debe devolver la cuantía que se ha llevado y en caso de que se lo haya gastado deberemos deducírselo de su paga, además de realizar labores en beneficio del hogar.

Cuando cometen estos robos en grandes almacenes, pueden responder a su necesidad de transgresión y búsqueda de emociones propia de esta etapa. En todo caso, habrá que ver si ese comportamiento responde a otro problema más grave o a una forma de llamar la atención.

Cuando se roban cosas que no se quieren o que luego se rompen o devuelven, hay que abordar su motivación, que es de origen inconsciente. Puede ser alarmante si se realiza de forma frecuente y compulsiva, llegando incluso a tratarse de una cleptomanía (aunque los casos son numéricamente despreciables).

Siempre habremos de sancionarlo con rotundidad y tendrá que reparar el delito devolviendo lo que ha robado.

Campamentos: mucho más que ocio

Los campamentos son un gran preventivo para no caer en la apatía, en el capricho, para respirar a pino y llenarse con el soplo de vida de la naturaleza, para que la ociosidad no permita anidar todo tipo de vicios en los períodos de vacaciones. Trabajar en equipo, compartir, entender que la única manera de poseer un amigo es serlo.

En esta sociedad tan comodona, tan de que me lo den todo hecho, que crea estos niños estúpidamente tiranos, los pueblos, los campamentos, son vivencias necesarias, imprescindibles para formarse como personas, no solo para saber sino para ser. He llevado a jóvenes muy conflictivos a campamentos y en ese nuevo entorno han cambiado radicalmente a mejor. Esa es la vacuna, el antídoto contra la intolerancia y la vivencia negativa de intenciones ajenas.

En el campamento, los adolescentes no solo están en contacto con la naturaleza, sino que hacen amigos, aprenden a trabajar en equipo, a resolver conflictos. Además, al estar en un ambiente fuera de su familia, les permitirá tomar decisiones por sí mismos, lo que actuará en beneficio de su confianza y su autoestima.

No olvidemos el aprendizaje experiencial en muchas actividades como diferentes deportes, arte, supervivencia… así como en valores como la responsabilidad, el respeto, la empatía, que ayudarán a conformar su buen desarrollo emocional.

No tengamos dudas, es un lugar idóneo que contribuye al desarrollo integral de los niños, adolescentes y jóvenes con sus beneficios sociales, emocionales y educativos.

Duelo por una amistad rota

Un aspecto que toca el estudio de la FAD Juventud y Fundación SM y que es de vital importancia es la pérdida de la amistad. Se educa para la pérdida de la pareja, pero no se educa para afrontar el duelo de una amistad que termina, y que para muchas personas puede resultar una experiencia traumática. Los jóvenes tienden a resignarse y rebajar las expectativas protegiéndose, por lo que sería conveniente mejorar la educación sentimental en base a las relaciones de amistad y ofrecerles herramientas (Megías, 2024).

Romper con una amistad duele como cualquier pérdida. Es por ello que construir un espacio para el duelo es crucial debido a lo esencial que se convierte para superarla, y aceptar que está bien cuando los momentos que compartimos pertenecen a personas que ya no están (Benítez, 2023).

El duelo relacionado con la amistad carece de nombre y, como bien es sabido, aquello que no lo posee parece no existir, pero nada más alejado de la realidad. Y este proceso es muy doloroso porque las amistades implican vínculos y conexiones emocionales muy fuertes (Benítez, 2023).

El duelo por una amistad puede tener sus propias características distintivas debido a la naturaleza de la relación. Es posible que haya una sensación de traición o confusión adicional, ya que las expectativas en una amistad pueden ser diferentes de las de una relación amorosa o la pérdida de un ser querido. Cada experiencia de duelo es única, y las fases de duelo pueden variar en intensidad y duración (Aguilera, 2023).

Es normal sentir dolor emocional expresado mediante tristeza, enfado, sensación de vacío, desesperanza, todo es parte del proceso de la adaptación a la pérdida. Que el adolescente se rodee de personas cercanas y exprese cómo se siente le ayudará a sentirse apoyado y acompañado durante este proceso de duelo.

Ayudémosle dedicando tiempo con él a sus hobbies y a las actividades que le gusten, para generar momentos de bienestar.

Pero lo más importante es aceptar que el duelo es un proceso que requiere tiempo, hemos de ser pacientes y comprensivos con los tiempos de recuperación. Si es preciso, se puede acudir a un profesional.

12
Inclusión educativa

El derecho a la educación tiene como objetivo garantizar a cada persona el derecho a acceder a una educación de calidad a lo largo de toda la vida. Un enfoque inclusivo de la educación significa que se toman en cuenta las necesidades de cada persona y que todos los educandos participan y lo logran juntos. Asimismo, reconoce que todos los niños pueden aprender y que cada niño posee características, intereses, capacidades y necesidades de aprendizaje únicos (UNESCO, 2023).

Cerca del 40% de los niños carecen de acceso a una educación en una lengua que comprenden, y los niños discapacitados siguen siendo excluidos de las escuelas de forma desproporcionada (UNESCO, 2023).

La educación inclusiva se esfuerza en identificar y eliminar todas las barreras que impiden acceder a la educación y trabaja en todos los ámbitos, desde el plan de estudio hasta la pedagogía y la enseñanza (UNESCO, 2023).

El concepto clásico de educación especial se desdibuja, se amplía y diversifica y se concreta en apoyos y adaptaciones, con el fin de lograr que todo el alumnado se sienta incluido en el sistema educativo (Ortiz-González, M.C.).

La inclusión es una acogida incondicional a cualquier alumno en cualquiera de las situaciones más o menos especiales en que pueda encontrarse. Todo ello está en sintonía con la filosofía de la reforma del sistema educativo, en la que ya no se contempla la integración escolar, sino la atención a la diversidad como un valor en sí mismo y enriquecedor para el conjunto (Ortiz-González, M.C.).

Los rasgos más importantes de una escuela inclusiva son el sentido de comunidad, la aceptación de las diferencias y la respuesta a las necesidades individuales. A lo que hay que añadir los cambios en la filosofía, el currículum, las estrategias de enseñanza y la estructura organizativa de la escuela (Ortiz-González, M.C.).

Cómo conseguir un aula inclusiva

Crear un entorno inclusivo necesita de un sinfín de recursos, entre ellos la presencia de personal de apoyo, y nuevas estrategias de enseñanza-aprendizaje, adaptación curricular, compromiso y liderazgo profesional, evaluación continua, y una organización flexible que promueva la comunicación, coordinación y cambios estructurales, todo ello enmarcado dentro de la comunidad.

Es importante también mostrar apoyo emocional a los que se sienten diferentes, así como la colaboración de los estudiantes para que esto sea posible.

Es necesario trabajar con nuestros hijos la empatía, porque tan importante como el tú es el yo. Tengamos en cuenta de que quien no sabe cómo se siente el otro, pierde.

Debemos responder a los nuevos desafíos que plantea una sociedad plural y multicultural, necesitada de comprensión, flexibilidad, apoyo y solidaridad.

Generemos comunidades sanas y reales en el futuro, donde reduzcamos las discapacidades promovidas por las barreras humanas, físicas e institucionales para garantizar el acceso y la participación de todas las personas en las aulas.

13

La familia como contexto principal en el desarrollo del adolescente

La familia es prioritaria en la vida del niño. Es imprescindible para su madurez y desarrollo. A través de ella se transfieren los valores familiares, la historia, la filiación.

Hijos y padres coinciden en señalar como el valor más importante "mantener unas buenas relaciones familiares". Los grupos familiares deben valorar lo que les une, lo que les funciona, lo que les genera interrelación.

Ser madre o padre, asumir esa alegría y responsabilidad, debe ser valorado con todas sus consecuencias. Cuidar, educar, criar a un niño causa gran felicidad y también supone un largo y duro trabajo, y los padres son tan humanos como los hijos.

La familia es la que aporta apoyo y estabilidad emocional frente a los cambios que se producen en la etapa adolescente; fomenta la socialización y desarrollo de habilidades sociales; potencia la autoestima y el autocontrol; ayuda en la construcción de su identidad y en la comprensión de quiénes son. También es la responsable de transmitirle los valores y principios éticos que guiarán su toma de decisiones y sus comportamientos en la adolescencia, así como de ofrecerle todo su respaldo en esa toma de decisiones.

Será su modelo a seguir tanto en el comportamiento como en la resolución de conflictos y el afrontamiento de las situaciones que en la vida vayan surgiendo.

Hay familias que sonríen juntas, buscan y encuentran el sentido del humor del otro; conocen las frases o gestos que provocan la complicidad; arrinconan los recelos, los posicionamientos negativos, el rencor; se incitan y provocan esos momentos, compartiendo la comida, los comentarios ante la televisión; se cuentan anécdotas o hechos simpáticos que les han acontecido durante el día; intercambian chistes, disfrutan sonriendo; interiorizan que ser serio no es sinónimo de triste o aburrido.

Pero también hay familias que hablan poco y no se ríen; que casi siempre están malhumoradas, no comparten las situaciones del día a día; el silencio se convierte en una compañía difícil de romper; siempre están reprochándose unos a otros lo que hacen, imperan los gritos y los malos modos.

Debemos pensar que esta manera de conducirse hace que los hijos se muestren así también fuera de casa y les limite el contacto y la conversación haciéndolos nada apetecibles para su entorno.

Modelos de familia

El modelo de familia pasa a tener un amplio abanico de posibilidades, al matrimonio con hijos se suma el adulto separado, viudo, divorciado con hijos, matrimonios en segundas nupcias que aportan hijos de la relación anterior, madres solteras, parejas del mismo sexo con o sin hijos, parejas “dinkis” (sin hijos), parejas de hecho.

- Familia sin hijos
- Familia biparental con hijos: nuclear o tradicional, compuesta por los padres y sus hijos.
- Familia monoparental o monomarental: solo hay una persona (hombre o mujer) como progenitor, tutor o acogedor.
- Familia LGTBI: compuesta por una persona que pertenezca al colectivo LGTBI o dos personas del mismo sexo unidas y su descendencia común, o no, o en acogimiento.

- Familia reconstituida: Familias separadas que se vuelven a reunificar con nuevos miembros. A veces con hijos propios de cada progenitor o de uno de ellos.
- Familia numerosa: la integrada por uno o dos ascendientes con tres o más hijos, sean o no comunes.
- Familia múltiple: en la que se producen nacimientos, acogimientos o adopciones múltiples.
- Familias inmigrantes, transnacionales y con diversidad étnica
- Familia en situación de vulnerabilidad
- Familia con mayores necesidades de apoyo a la crianza: precisan de apoyos extensos y generalizados en las actividades básicas e instrumentales de la vida diaria.

Tipos de familia

Familia light, missing o desestructurada

La valoración máxima se da a la amistad, por lo que se estima esencial el grupo de referencia (los amigos) del hijo, dado que la educación es del tipo horizontal. Los padres han dimitido de su función socializadora y tampoco se potencian otras instituciones como la escuela.

Familia cooperativa democrática

Sus miembros buscan estar juntos, son autosuficientes, dan valor no solo a la capacitación profesional sino al desarrollo ético, moral y ciudadano. Todos los miembros transmiten ideas y opiniones y crean un correcto y cálido clima en el hogar.

Familia de puertas abiertas responsabilizadora

La comunicación es fluida, se tienen en cuenta las opiniones de los hijos, existen conflictos derivados del ajuste de roles en las nuevas estructuras sociofamiliares y las actuales demandas laborales y de ocio. Los padres (con alto nivel formativo) buscan dotar de autonomía a los hijos, intentando inculcarles solidaridad, lealtad, honradez y un adecuado nivel educativo.

Familia conflictiva tiránica

La relación padres/hijos es mala. Los padres tienen un universo de valores muy distinto al de los hijos. Los padres desean mostrarse rígidos, pero son reiteradamente desbordados, los comportamientos de los hijos acaban siendo conflictivos.

Adopción

El número de niñas y niños adoptados, en adopción nacional, a lo largo del año 2022 ascendió a 681. Los ofrecimientos de adopción se han incrementado llegando a 1.883, emitiéndose 759 certificados de idoneidad, de los que el 93,23% fueron positivos. El grupo con mayor tasa de adopciones fue el de 0-3 años.

La adopción internacional sigue su tendencia descendente, alcanzando la cifra de 153 niñas y niños adoptados por familias residentes en España, siendo India y Vietnam los países con mayor número de adopciones.

España fue pionera en la legalización de la adopción homoparental en la Unión Europea.

La adopción de un niño es una forma de paternidad cada vez más habitual. Siempre hemos hablado de los "hijos del corazón" y en muchísimas ocasiones se demuestra que el amor va mucho más allá de la propia sangre. Es el derecho del niño a tener una familia. Por cierto, el hijo también tiene que adoptar a los padres, hablamos de un apego bidireccional.

Adoptar supone un compromiso vital, y no cabe mantener el criterio de la posibilidad de devolución, como si de unos grandes almacenes se tratara. No existen devoluciones, sino abandono.

Será una época de gran esfuerzo para la familia, ya que el niño se enfadará, tendrá rabietas, no querrá cumplir las normas, pero simplemente está tratando de afianzar el amor de sus padres, de saber que si se enfada ellos estarán ahí para él. Y esos límites que los padres hacen cumplir serán para él su seguridad.

Quien decida adoptar tiene que afrontar el futuro del niño como si fuera el fruto de su propia fecundación. Solo así serán unos buenos padres adoptivos. En la casa de la familia no solo tiene que ser acogido el niño adoptado, sino que hay que incorporar también su vida, su origen y parte de su pasado.

Algunos adolescentes adoptados han pasado por fases en las que se han preguntado por qué ellos han sido adoptados, qué ocurrió en su familia biológica, qué esperan de él o de ella los padres que le han adoptado, qué los llevó a adoptarle. Todo ello centrifuga un conjunto de emociones que en la adolescencia coge más velocidad, dificultando una etapa que ya es de por sí compleja.

Además, pronto se plantearán si desean visitar su país de origen e indagar por sus padres biológicos. Estamos hablando de temas que generan tensión, gran dificultad de elaboración, entre lo dicho y lo callado.

Hay que tener en cuenta, y no olvidar, que no siempre se encuentra todo aquello que se busca. Y algunas de las incógnitas que mueven a los hijos adoptivos a buscar su familia de origen quedan sin respuesta. Para llevar a cabo esta acción lo mejor es recurrir a la ayuda de profesionales, bien un mediador familiar especializado en adopción, que actuará de intermediario entre la persona adoptada y su familia biológica, bien un psicólogo, por si es necesario un apoyo. Quizá en algunos casos también se ha de recurrir a la figura de un abogado.

Hemos de tener presente que los hijos adoptados quieren, cómo no, a quienes les han adoptado, si bien ellos también adoptan a sus padres. Y dicho esto, jamás quieren faltar a la lealtad a sus progenitores biológicos, es más, necesitan indagar en la razón que los llevó a no poder educarles.

Tengamos presente que el ser humano, más allá de sensaciones, de percepciones, de lo que es físico, tiene mucho de necesidad trascendente, de seguridad, apego y vínculo. Por lo tanto, que los hijos quieran reencontrarse con los padres biológicos jamás debe interpretarse como una falta de cariño, de desapego.

Pero que nadie concluya que, por haber sido adoptados, los problemas necesariamente van a aumentar o serán imposibles de evitar. Nada más lejos de la realidad.

Los abuelos

La presencia de los abuelos en la familia es esencial, ya que aportan continuidad cultural y una historia psicohistórica. Los nietos valoran enormemente que los abuelos compartan anécdotas sobre su vida y la de sus padres actuales. Es recomendable reducir el tiempo de televisión y video para que los nietos puedan disfrutar de las historias contadas por sus abuelos.

Los abuelos pueden y deben contribuir con su conocimiento, tiempo, afecto y comprensión. Sin embargo, la educación primaria es una responsabilidad que recae indiscutiblemente en los padres. No deberán criticar a los padres en caso de desacuerdos, salvo en situaciones de grave ausencia paternal, donde pueden intervenir y asumir un rol más activo.

Algunos abuelos también asumen el cuidado de sus propios padres, que pueden sufrir de Alzheimer u otros deterioros cognitivos y/o físicos, al mismo tiempo que cuidan de sus nietos. Esta situación puede ser extremadamente agotadora y desafiante, ya que implica equilibrar las necesidades de los nietos con las de sus bisabuelos.

El respeto intergeneracional y la adecuación a los ritmos naturales deben guiar la responsabilidad y la dedicación de cada miembro de la familia.

Cómo debe educar una familia

Educarán mejor los padres y madres que ponen voluntad y dedicación en ello, los que procuran que no haya contradicciones entre lo que dicen y lo que hacen, los que creen en la educación y saben que es una tarea de cada día.

La familia acoge y transmite seguridad al tiempo que permite liberarse de tensiones y problemas. Debe enriquecer a cada miembro y coadyuvar a su correcta socialización. Facilita el diálogo, la cooperación, el respeto, el compromiso entre los miembros.

Permite compartir iniciativas y afecto, transmitir motivaciones, sonreír. Se ha de poder hablar con libertad y si hay disgustos abordarlos. Deben realizar juntos actividades que den sentido a la vida familiar. Una familia abierta al exterior, pero que permita un clima de organización, equilibrio, calidez. Importante sugerir, más que afirmar.

Hablemos, esforcémonos por compartir, por tener temas de los que hablar. Démosles a nuestros hijos la posibilidad de disfrutar y de compartir la felicidad.

Divorcio de los padres

El divorcio de los padres es un evento que puede tener un profundo impacto en la vida de los hijos. Dicho impacto varía según la edad y la personalidad del niño y las circunstancias específicas del divorcio, pero, en general, sus efectos pueden influir profundamente en su desarrollo y bienestar.

A medida que los hijos enfrentan la disolución de la unidad familiar, pueden experimentar sentimientos de pérdida, confusión y angustia. La adaptación a nuevas dinámicas familiares, cambios en las rutinas diarias y a la posible disminución del contacto con uno de los progenitores son desafíos adicionales que agravan la situación. Este proceso puede ser particularmente difícil para los niños, quienes a menudo desarrollan sentimientos de abandono y se ven atrapados en conflictos de lealtad, lo que puede tener repercusiones duraderas en su salud mental y en su capacidad para establecer relaciones saludables en el futuro.

Uno de los aspectos más complejos del divorcio es la aparición de conflictos de lealtad. Estos surgen cuando los niños se sienten obligados a tomar partido entre sus padres, lo que es especialmente común en casos de divorcios conflictivos, donde la comunicación entre los progenitores es limitada o negativa. Este conflicto puede ser intensificado si uno de los padres manipula emocionalmente al niño para obtener su apoyo, un fenómeno conocido como “alienación parental”. Este tipo de manipulación no solo pone al niño en una posición de estrés emocional, sino que también puede llevar a una ruptura significativa en la relación con el otro progenitor. A largo plazo, los niños que experimentan conflictos de lealtad tienen un mayor riesgo de desarrollar problemas emocionales, como ansiedad, depresión y trastornos de conducta, debido a la tensión continua de navegar entre las expectativas contradictorias de sus padres.

El sentimiento de abandono es otra reacción común en los hijos de padres divorciados, especialmente cuando la separación implica una reducción significativa en el contacto con uno de los progenitores o cuando uno de ellos se desentiende de sus responsabilidades parentales. Este sentimiento de abandono puede afectar profundamente a la autoestima del niño y a su capacidad para confiar en los demás. Los niños que sienten que han sido abandonados durante el proceso de divorcio tienen más probabilidades de desarrollar problemas de apego, lo que dificulta su capacidad para establecer relaciones estables y saludables en la vida adulta. Además, si uno de los padres forma una nueva familia, el niño puede sentir que ha sido reemplazado, lo que agrava aún más su percepción de ser menos importante o querido.

El divorcio también puede desencadenar problemas de conducta en los niños, quienes pueden mostrar agresividad, desobediencia y otros comportamientos problemáticos como una forma de expresar su angustia emocional. Estos problemas de conducta pueden estar directamente relacionados con la ira y la confusión que los niños experimentan al enfrentarse a la disolución de su familia. Estas conductas disruptivas pueden interferir negativamente en su rendimiento académico y en sus relaciones sociales, tanto con compañeros como con figuras de autoridad, como profesores. En algunos casos, el estrés asociado al divorcio puede llevar a los niños a desarrollar trastornos de conducta más graves, como el trastorno de oposición desafiante o el trastorno de conducta, los cuales requieren una intervención psicológica temprana para evitar que los problemas se agraven en el futuro.

A largo plazo, los hijos de padres divorciados están en mayor riesgo de desarrollar problemas de salud mental que pueden persistir hasta la adultez. La exposición continua a un ambiente de conflicto y la inestabilidad familiar pueden aumentar la vulnerabilidad de los niños a padecer trastornos como la depresión, la ansiedad y el trastorno de estrés postraumático. La falta de un entorno seguro y predecible durante la infancia puede tener efectos duraderos en la capacidad del individuo para enfrentar el estrés y adaptarse a los desafíos de la vida adulta. Este impacto duradero también puede dificultar la formación de relaciones íntimas y el manejo de conflictos en la vida adulta, perpetuando un ciclo de disfunción emocional que puede afectar a la calidad de vida del individuo.

Además, el divorcio a menudo está acompañado por una disminución en el nivel socioeconómico, lo que limita el acceso del niño a recursos educativos y servicios de salud mental, exacerbando el estrés y la inseguridad.

Es importante tener en cuenta que el entorno social y educativo desempeña un papel crucial en la adaptación del menor al divorcio, ya que puede enfrentar estigmatización o aislamiento social si el entorno no brinda el apoyo adecuado. Esto puede agravar los sentimientos de soledad y aumentar el riesgo de problemas emocionales y de conducta.

Asimismo, la calidad de la coparentalidad después del divorcio es un factor determinante en el bienestar del menor. Una coparentalidad positiva, caracterizada por una comunicación respetuosa y una colaboración en la crianza, puede mitigar muchos de los efectos negativos del divorcio. Por otro lado, una coparentalidad conflictiva puede intensificar los problemas emocionales y conductuales en los niños.

A pesar de los desafíos, muchos niños pueden desarrollar resiliencia si reciben la ayuda adecuada. Fomentar un ambiente de apoyo, mantener rutinas estables y brindar oportunidades para que los niños expresen sus sentimientos son estrategias clave para ayudarles a superar las dificultades asociadas con el divorcio y a emerger como individuos emocionalmente más fuertes.

14

Límites y adolescencia

En las sociedades actuales, los padres de familia carecen de una estructura emocional fortalecida para orientar y dar afecto a sus hijos, principalmente a los adolescentes, lo que se refleja en jóvenes con marcada ausencia de respeto hacia las figuras de autoridad. Esta situación ha llevado a una crisis de autoridad, donde las personas solo piensan en lo que necesitan y no en lo que es conveniente para las mayorías (Arenas, 2020).

El problema radica en que, en la búsqueda de mayor autonomía, las nuevas generaciones desafían a las autoridades con las que conviven cotidianamente (Arenas, 2020).

Cuando decimos que los niños necesitan pautas, normas, reglas, hábitos... no lo decimos para anularlos sino todo lo contrario. Lo argumentamos desde el convencimiento de que, gracias a este modelo educativo, el niño de hoy podrá ser un adulto auténticamente libre en ese mañana que le espera.

Los límites son una parte esencial en el desarrollo del niño. Al establecerlos, lo hacemos sentirse seguro y protegido, teniendo claro quién lo guía y a quién puede recurrir cuando tenga un problema.

Al poner límites, los niños saben que lo que están haciendo sus padres es preocuparse por él y asegurarle un aprendizaje. Los niños que hacen todo lo que quieren creen que no son importantes para sus padres. Se neurotizan.

Los niños más pequeños replican, chillan o tienen rabietas cuando se les quita un muñeco o se les prohíbe una actividad deseada. Los niños en edad escolar discuten o protestan cuando se les prohíbe algo que quieren.

Este comportamiento es normal y es una expresión irritante pero sana de la necesidad de independencia y autonomía.

Necesitan que el criterio de los padres sea más fuerte que el de sus impulsos, de lo contrario estaremos dando alas a un futuro dictador.

El niño, desde pequeño, necesita comprobar el resultado de sus acciones en las reacciones de los padres. A partir de ahí, cuando le decimos «No», podemos hacer que dicha negativa se cumpla. Es imprescindible que sea compartido por la pareja y que se diga con coherencia, imponiéndose con firmeza. Así comprenderá lo que es aceptable y lo que no, apreciará sus propios límites y entenderá que existen normas que debe respetar.

Desde la comunicación no verbal, el niño entenderá por nuestros gestos lo que les queremos transmitir, como las situaciones de peligro. Utilizaremos también la reprimenda verbal, con un tono serio.

Cuando establezcamos límites hemos de tener en cuenta la seguridad, el bienestar y el desarrollo del niño. El niño habrá de conocer las normas y las consecuencias de su incumplimiento. Las normas habrán de ser claras, concisas, comprensibles, fundamentadas y aplicadas de forma justa. Siempre en positivo y lo más concretos posibles. Deben decir exactamente lo que esperamos que el niño haga.

Debe haber consecuencias cuando no se cumplen. Hay que explicarles claramente que toda acción tiene su consecuencia. Es clave en su educación. Será necesario controlar su cumplimiento, lo que conlleva una constante exigencia a los hijos y a los propios padres. La sanción debe ser puntual, inmediata y proporcional a la conducta realizada.

Cuando el niño ha realizado la conducta adecuadamente, se le premiará de manera inmediata con un refuerzo positivo. Puede ser un beso, un elogio, una golosina, una actividad programada... dependiendo de la conducta y del esfuerzo realizado.

Una cosa es reconocer los límites que el niño nos señala y otra bien distinta, someternos a los mismos. Venerar a un niño no solo es inconveniente, sino que o lo idiotizará o lo convertirá en un pequeño dictador.

Si le resulta difícil mantenerse firme con su hijo, hable con él con tono serio, de manera clara, mirándole a los ojos o incluso buscando un apoyo físico como tocarle el hombro al dirigirse a él. Capte su atención y explíquele que ha de obedecer. Si el niño le ignora, bueno será que su pareja le respalde. Si sus instrucciones no son atendidas y el niño se salta los límites, ignore provocaciones, protestas, rabietas y gritos. Si es importante que le obedezca, repita los mismos pasos y, si fuera necesario, utilice un refuerzo negativo ante la desobediencia.

Cuanto más claras sean las normas más probabilidad hay de que su hijo las obedezca. En los adolescentes, la disciplina es fundamental para que sean estables y responsables, por lo que las normas deben estar bien definidas y ser respetadas por todos los miembros de la familia, no como imposiciones, sino como reglas de convivencia para todos los miembros. Lo que jamás hemos de permitir es dejarnos chantajear.

Un ejemplo claro de desacuerdo en muchas casas es la hora de llegada por la noche.

Que todos los adolescentes se rebelan contra las reglas no es más que un mito, ya que la realidad demuestra que cuando los padres fijan normas para adolescentes que son razonables, es menos probable que sus hijos se rebelen.

Los límites los ayudan a situarse y a conocer cuáles son sus derechos y sus obligaciones.

Pactar con un adolescente

Distintas situaciones cotidianas (se tira en la ducha mucho tiempo, invita a los amigos a casa sin avisar...) precisan de acuerdos, de normas fijas y de otras que se adaptan.

Los encuentros con los adolescentes no han de ser una continua disputa, un intento de convencer, un pulso interminable. Además, hemos de tener en cuenta que los conflictos suelen ser por asuntos menores.

No hemos de intentar cambiar todas sus conductas, sino tratar de ir a lo verdaderamente importante y que sea negativo para él o inaceptable.Nunca hemos de perder de vista las virtudes de nuestros hijos, centrarse en los aspectos negativos casi nunca motiva un cambio favorable.

Hay que pactar con ellos con paciencia, simpatía, flexibilidad, criterio, con límites preestablecidos. No todo es negociable (consumos, forma de comportarse, asistencia a la escuela...).

Se trata de llegar a acuerdos, de escuchar los distintos planteamientos, de no imponer sin razones, de transmitir que lo importante no es discutir sobre quién tiene la razón, sino reflexionar sobre qué es lo correcto. Implica que no hay límites fijos e inamovibles, sino que se concede al adolescente la capacidad para participar en la decisión (responsabilización).

Las sanciones han de ser inmediatas y proporcionales, además deben mantenerse en el tiempo y en lo posible tener causalidad (por ejemplo: si llega una hora tarde, el fin de semana próximo habrá de volver una hora antes).

Una forma de hacerlo son los contratos paternofiliales, escritos, firmados por hijos y padres, donde quede constancia de lo que hemos hablado, de lo que hemos acordado para obligarnos ante el otro. Se escribe, se firma, y se cumple, pues ya está previsto lo que conlleva por las partes el incumplimiento de este contrato paternofilial.

Es importante que los padres sean modelos de comportamiento positivo y respeten los límites que establecen para sus hijos. Esto ayudará a los niños y adolescentes a desarrollar un sentido de responsabilidad y autocontrol.

Los padres jamás deben ser equívocos abogados de sus hijos. Muy al contrario, han de aplaudir al profesor o al ciudadano que le reprende si es con razón.

15
Mecanismos de contención interna y externa

Toda persona posee unas habilidades para regular tanto sus emociones como sus pensamientos y comportamientos. Es importante que los adolescentes aprendan a gestionar sus emociones y a no dejar que los controlen y así poder enfrentarse a las situaciones que la vida les depara.

Pueden aprender a identificar sus desencadenantes emocionales y a evitar situaciones que puedan conllevar una respuesta emocional negativa. Esto puede ayudarles a mantener el control emocional y prevenir los conflictos.

Los niños que tienen buenas habilidades de autorregulación se llevan mejor con otros niños, mientras que los que presentan bajos niveles de autorregulación demuestran más impulsividad y agresividad, siendo estos predictores futuros del abuso de sustancias, relaciones personales conflictivas y marginalidad social durante la adolescencia.

Autocontrol y resolución de conflictos

El autocontrol es una importante competencia personal que se desarrolla durante las primeras décadas de la vida y que se relaciona con el ajuste conductual y emocional, por lo que puede ser considerado como un factor que previene el surgimiento de problemas psicológicos.

Es importante para los seres humanos, y hay que tener en cuenta que las personas con un mayor autocontrol hacen más amigos, sacan mejores notas o tienen una vida más saludable. Esta habilidad se puede aprender y mejorar a lo largo del tiempo.

En un estudio se apreció que el autocontrol descendía durante la adolescencia, para después experimentar un aumento gradual a lo largo de la adultez temprana, de forma que fueron los sujetos de 30 años o más quienes mostraron un mayor autocontrol, mientras que entre los 15 y 19 años se observaron las puntuaciones más bajas. En todo caso, los lóbulos frontales se desarrollan completamente a los 21 años.

El autocontrol o autorregulación de las emociones es una de las aptitudes que dominan las personas emocionalmente inteligentes. Esta cualidad predice que una persona pueda alcanzar el éxito, tanto académico, emocional y social.

La persona que posee un alto autocontrol es capaz de dominar sus pensamientos y su forma de actuar, lo que puede ser beneficioso en multitud de situaciones.

El primer paso para controlar nuestro comportamiento y nuestra forma de pensar es tener un gran autoconocimiento. Esta capacidad nos permite afrontar cada momento de la vida con mayor serenidad y eficacia.

El autocontrol aporta muchas ventajas:

- Permite afrontar las situaciones difíciles con mayor eficiencia.
- Ayuda a mantener la calma.
- Ayuda a tener mayor claridad de pensamiento.
- Beneficia la relación con los demás.
- Permite controlar el estrés cuando te sientes bajo presión.
- Ayuda a tomar mejores decisiones.
- Aumenta la capacidad de concentración.
- Mejora la autoestima.
- Mejora el bienestar emocional.

En general, se activa ante la aparición de una situación conflictiva. Por ejemplo, cuando el comportamiento, la emoción, o las cogniciones de la persona entran en conflicto con algún evento o situación.

Se aprende y aumenta con la madurez. Desde que nacemos, por lo tanto, comenzaremos a desarrollar esta fortaleza, controlando nuestras emociones, deseos y comportamientos y siendo capaces de postergar nuestros objetivos hasta donde deseemos. Implica que la persona se sienta responsable del problema y capaz del cambio que debe producir en su comportamiento.

El autodominio empieza con el respeto a mis propios límites para no exponerme a las cosas que todavía no puedo manejar, por ser ellas las que me manejan.

La resolución de conflictos es un proceso que implica la identificación del problema, la exploración de posibles soluciones, la evaluación de las consecuencias de cada solución, y la elección de la mejor opción para todas las partes involucradas.

Pueden aprender a resolverlos de manera creativa y a encontrar soluciones innovadoras para problemas que parecen insolubles. Esto puede ayudarles a desarrollar su pensamiento crítico y a mejorar sus habilidades de resolución de problemas en general.

Los adolescentes pueden aprender a negociar y llegar a acuerdos que satisfagan las necesidades de ambas partes en un conflicto. Esto puede ayudar a reducir la intensidad del conflicto y fomentar la resolución pacífica.

Hay que aprender a tener respuestas alternativas. Pensamiento lateral. Utilización correcta del lenguaje como colchón afectivo. Saber enfriar la discusión o abandonar el lugar donde se está incendiando.

El desarrollo de la empatía es crucial para la resolución de conflictos, pueden aprender a ponerse en el lugar de los demás, a comprender sus perspectivas y a reconocer las emociones que están experimentando. Muy importante también la enseñanza de la tolerancia y la aceptación de la diversidad para la resolución de conflictos. Los adolescentes pueden aprender a valorar las diferencias culturales y a ser más comprensivos con los demás, lo que puede reducir la tensión y el conflicto interpersonal.

Por otro lado, pueden mejorar su autocontrol practicando la autoobservación y la autorregulación de sus pensamientos, emociones y comportamientos. Una de las cosas que más nos va a ayudar a mejorar nuestro autocontrol es detectar aquellas señales corporales y mentales que nos indiquen que vamos a perder el control y actuar impulsivamente.

Los adolescentes pueden aprender a manejar sus emociones de manera saludable, mediante la práctica de técnicas de relajación, meditación y mindfulness. Esto puede ayudarles a mantener el autocontrol y a evitar reacciones impulsivas.

También es muy bueno el contacto con la naturaleza, la práctica del deporte. Aprender a competir y a cooperar.

La educación emocional y la inteligencia emocional son importantes para el autocontrol y la resolución de conflictos en adolescentes. Estos pueden aprender a identificar y comprender sus emociones y las de los demás, lo que les permitirá regular sus emociones de manera efectiva.

Los padres y cuidadores pueden ayudar a los adolescentes a desarrollar habilidades de autocontrol y resolución de conflictos mediante el modelado de comportamientos saludables, la retroalimentación constructiva, y el apoyo emocional.

Los adolescentes también pueden beneficiarse de la terapia y el asesoramiento. La terapia puede proporcionar un ambiente seguro y de apoyo para que los adolescentes puedan explorar sus emociones y comportamientos, y aprender estrategias efectivas para el autocontrol y la resolución de conflictos.

Desarrollo de la capacidad crítica

Entendemos que una persona es madura cuando se conoce bien a sí misma, conoce sus puntos fuertes y sus áreas de mejora, tiene la independencia y autonomía que una sana capacidad crítica le permite. Con ella se cuestionan los principios, valores y normas del entorno donde el niño vive y crece, formándose un criterio propio que le permite tomar sus propias decisiones en las distintas situaciones que se le presentan.

La capacidad crítica hace que el individuo se aleje de la obediencia a las opiniones, principios y normas impuestas desde instancias exteriores, y de la rebeldía o la oposición por sistema a cualquier principio, idea o norma de instancias externas.

Una persona con capacidad crítica cuestionará lo que otros proponen, analizándolo, razonándolo y contrastándolo con otras informaciones y fuentes. Una vez hecho esto, lo aceptará, reformulará o rechazará total o parcialmente. La capacidad crítica es fundamental para que los niños hagan frente a la presión del grupo, de sus amigos (especialmente en la adolescencia), de un entorno con mucha información, diferentes ideologías y estímulos relacionados con el consumismo, el seguimiento de modas, o el contacto con el mundo de las drogas.

Estimular en los hijos la capacidad crítica implica que también lo hagan con las normas del hogar y con la autoridad de los padres. Autoridad que hay que ganarse en el día a día, sin imponerla, sino utilizando el ejemplo, la coherencia, la comprensión y la serenidad.

Es en la adolescencia cuando la autoridad de los padres se confirma, pero deben estar preparados para confrontar con sus hijos los criterios de sus decisiones teniendo en cuenta la edad y la capacidad del joven, pues si se ha fomentado el espíritu crítico, los hijos acabarán cuestionando sus criterios educativos y normativos.

Es ahora cuando la presión del grupo de amigos es más influyente en las ideas, opiniones y conductas de nuestros hijos. Es con ellos con quienes más hablarán de las cuestiones que les afectan. Por eso es esencial que los padres conozcamos a los amigos de nuestros hijos, con quién van, y saber que si queremos que sean críticos con ellos, lo serán también con nosotros, con nuestras normas y nuestra autoridad. Pero ello no significa ceder o negociar, hay que estar dispuesto a darles razones, escuchar las suyas, dialogar, ser sinceros, y sobre todo propiciar el respeto bidireccional aunque no haya acuerdo, sabiendo que las normas que hay en el hogar están ahí por el bien de ellos.

Poco a poco irán formando su propio criterio, algo que les servirá para asumir y ejercer sus propias normas de conducta y comportamiento y para mantener la coherencia entre sus ideas y su forma de actuar. Formarán su criterio acerca de lo que es lícito o no, de la moralidad y de su actuar en la vida.

Enseñemos a los hijos a reflexionar, a pensar las distintas alternativas antes de tomar una decisión, a anticipar las consecuencias de las conductas. A mantener posturas coherentes, a obrar según su criterio, a no ser extremadamente influenciables por el grupo de iguales, ni por las modas, la publicidad, etc.

Autoestima

Podemos hablar de la autoestima como el concepto valorativo que tenemos sobre nosotros mismos, ya sea negativa o positivamente. Se aprende, cambia, la podemos mejorar y se basa en todos los pensamientos, sentimientos, sensaciones y experiencias que hemos vivido, asimilado e interiorizado.

La desarrollamos desde los primeros años, mientras vamos formando esa imagen de nosotros mismos que hacemos por nuestras experiencias con otras personas y las actividades que realizamos.

Las experiencias en la infancia son fundamentales para nuestra autoestima, los éxitos, tropiezos y cómo fuimos tratados en cada ocasión por nuestra familia, profesores, amigos... contribuyen en la creación de esa imagen interior y en la calidad de nuestra autoestima.

De que la autoestima del niño sea alta o baja va a depender su desarrollo cognitivo, social y emocional. Cuando un niño tiene una alta autoestima se siente seguro, capaz de afrontar los desafíos de la vida y de conseguir las metas que se proponga. También se sentirá digno de ser feliz, de respeto, de amistad y amor.

Si, por el contrario, tiene una baja autoestima, es un niño inseguro, desconfía de sus facultades y no toma decisiones por miedo a equivocarse. Necesita la aprobación de los demás, pues tiene muchos complejos. Posee una imagen distorsionada de sí mismo (física y personal), se siente inferior y suele ser tímido para relacionarse con los demás. Le cuesta hacer amigos nuevos y le importa mucho la opinión de los demás, pues tiene miedo al rechazo.

El papel de los padres en la construcción de la autoestima de sus hijos es importantísimo. Algunos psicoanalistas dicen que los padres son el espejo donde se miran sus hijos, de cómo los miren, escuchen, respeten, confíen en sus posibilidades, de su aprobación, gestos, o enfados dependerá la configuración en el sentir y pensarse a sí mismo el niño.

La autoestima influye sobre el niño y adolescente en cómo se siente, piensa, aprende y crea, en cómo se valora, se relaciona con los demás, se comporta. En los adolescentes aumenta la necesidad de autoestima.

Una autoestima positiva facilita la percepción de la realidad y la comunicación interpersonal, ayuda a tolerar mejor el estrés, la incertidumbre y a vivir los procesos de cambio. Hace que la persona reaccione buscando la superación de los fracasos y que no se deje invadir por el recuerdo de la incompetencia.

Hay que creer en nuestros hijos, hay que creer a nuestros hijos.

Un niño con alta y equilibrada autoestima actúa de manera independiente, tomando decisiones con autonomía y seguridad. No le cuesta asumir responsabilidades. Acepta bien las frustraciones y los nuevos retos, expresa sus emociones y socialmente tiene buenas relaciones.

Un niño con baja autoestima siente que los demás no le valoran, se deja influenciar (a veces por malas compañías), desprecia sus habilidades, se frustra fácilmente y las nuevas situaciones le provocan ansiedad.

Autonomía y responsabilidad

Educar es ayudar al niño a que sea independiente, autónomo, a que pueda valerse por sí mismo y sepa tomar decisiones. Debe aprender a aceptar las consecuencias de lo que hace, piensa o decide. La responsabilidad se va adquiriendo. Es muy importante el ejemplo de los adultos y la aprobación social que se dé al niño, pues le sirve de refuerzo.

La autonomía es la capacidad para darse normas a uno mismo sin influencia de presiones externas o internas. La persona autónoma decide que reglas son las que van a guiar su comportamiento. Es capaz de hacer lo que cree que tiene que hacer. Puede analizar lo que estima que debe hacer y considerar si debe hacerse o si se está engañando.

Somos autónomos cuando usamos nuestra conciencia moral, es decir, razonamos y consideramos lo que debemos hacer con todos los datos a nuestra disposición. Para construir la autonomía, contribuyen factores como la voluntad, la libertad y la autoestima.

Solo cuando somos autónomos, nos damos cuenta de la repercusión de nuestras acciones y podemos ser responsables. Si enseñamos a un niño a ser autónomo, también le estamos ayudando a ser responsable, a tener mayor seguridad en sí mismo, a tener fuerza de voluntad, a ser disciplinado y a estar tranquilo. Y a crecer feliz. La asunción de responsabilidad es esencial.

La responsabilidad se adquiere con la experiencia, ya que la persona deberá tomar decisiones en conciencia, ponderando el valor de lo que quiere conseguir y las consecuencias que puede acarrear, asumiéndolas.

Nuestros hijos han de interiorizar que más allá de la genética, el azar, o el destino, uno mismo es el capitán de su existencia y puede guiar su vida, que uno mismo es el motor motivacional. Que es uno mismo el que debe aprender de las equivocaciones.

Un niño responsable es capaz de valorar la situación en la que se encuentra, según su experiencia y según lo que sus padres esperan de él, y es capaz, de forma independiente, de tomar una decisión para actuar de modo adecuado.

Hay que darles confianza y ganarnos la suya. Hemos de equilibrar la prudencia con la asunción de responsabilidad y el manejo de la libertad tutelada.

Corregiremos errores, los analizaremos con él, imaginaremos situaciones posibles, los comportamientos que ha de adoptar. Los avances han de ser graduales y equiparables a los niños de su edad.

La responsabilidad requiere obediencia y saber elegir y decidir por uno mismo lo mejor posible, de acuerdo con su nivel de madurez. Hay que darle opciones para elegir y que razone los motivos de su elección. La indecisión es una forma de irresponsabilidad. Habrá que enseñarle a tolerar los cambios imprevistos que trastoquen la decisión tomada.

Los padres piensan que, si evitan dificultades a los hijos, les dan todo lo que piden o ceden ante cualquier resistencia, los harán más felices. Es todo un equívoco, los convertirán en unos chicos débiles, indecisos y no les dejarán crecer correctamente en la responsabilidad.

Para que los chicos desarrollen su autonomía y responsabilidad, los padres deben alabar los logros conseguidos y su esfuerzo, y enseñar con el ejemplo. Deberán favorecer la participación de los hijos y ayudarlos para que reconozcan sus valores y dificultades de manera realista. Sin gritos ni amenazas, sin sobreprotección, sin compararlos con otros niños haciéndoles sentir avergonzados. Siempre manteniendo coherencia ante ellos.

El niño tiene que pasar por diferentes etapas antes de adquirir una autonomía que determinará su madurez moral. Ha hecho mucho daño el hacer creer que los niños se quiebran con facilidad, se «rompen». No es cierto, son niños, pero adaptables, ciudadanos de pleno derecho que gustan de asumir la responsabilidad que les es propia.

Los niños no solo solucionan problemas, sino que también los generan y de sus soluciones aprenden constantemente.

Superando las adversidades

Estamos a merced de acontecimientos que trauman nuestras vidas, pero podemos aprender estrategias de afrontamiento. Enseñemos a nuestros hijos que las certezas suenan más verdaderas entre signos de interrogación. Hagámosles saber que enfrentarán crisis y habrán de rehacer su propia biografía. Estimulemos su creatividad, realmente vital para afrontar las circunstancias adversas.

Desarrollemos en los niños fortalezas personales, tales como habilidades del pensamiento y posicionamiento optimista.

Transmitámosles el valor psicológico, la postura estoica, compartamos que el sufrimiento aceptado tiene un sentido, que aporta crecimiento interior, que capacita para afrontar otra posible situación difícil. Vacunemos a nuestros descendientes inyectándoles fortalezas psicológicas. Han de interiorizar que no se lucha porque se es fuerte. Se es fuerte porque se lucha.

Debemos potenciar fuerzas internas como el coraje, la perseverancia, así como habilidades interpersonales, recursos para relativizar los problemas, capacitar en el realismo, la racionalización o el encontrar un propósito con visión de futuro.

Hay que formar a los niños para que escuchen su diálogo interior, para que discutan sus propios pensamientos negativos. Facilitémosles que desarrollen recursos, que sean dueños de su psico-historia, que confíen en sí mismos, que aprecien el lado positivo de toda situación, que sean sanos y equilibrados, que desplieguen humor y amor.

Personalmente, creo que el posicionamiento optimista es una exigencia ética. Esta idea, transferida al niño, cristaliza en creencia, que marcará lo que siente y lo que hace. Y si la vida queda en un momento destrozada, abordará el viaje heroico sin esperar a que los demás le rescaten, sabedor, porque se lo hemos enseñado, de que pasará por cinco etapas: Impacto, Caos, Adaptación, Equilibrio, Transformación. Establecerá objetivos, se reorientará ante las nuevas realidades y, desde su flexibilidad, optará a salir del proceso de resistencia con una apreciación de la vida mejor que antes.

Convivimos con el dolor, el sufrimiento, el fracaso, hemos de activar un sistema "inmunopsicológico" equilibrado, basado en una correcta autoestima para afrontar la situación, pero con capacidad crítica para, desde la distancia óptima, intervenir, movilizarse. No posicionarse de forma paranoica "los otros, el mundo está contra mí" ni derrotista depresiva "soy un fracasado, nunca saldré del pozo".

Fortalezcamos el optimismo y la voluntad, hagámoslos intocables. Transmitamos que quien tiene un por qué para vivir, encontrará el cómo vivir.

Inculquemos que hemos de ocuparnos, no preocuparnos. Ser proactivos sabedores de que no son los hechos en sí la causa de nuestros pesares, sino la forma en que los percibimos, elaboramos y enfrentamos. Señalemos a nuestros hijos que han de cuidar su higiene mental, su salud psíquica.

Fortalecer a nuestros hijos, quiere decir, hacerlos más flexibles, más adaptables. Y es que el cristal es muy duro, pero muy frágil.

Eduquemos asimismo para despedirnos, para llorar la ausencia, para dejar ir. Para amortiguar las rupturas, que nuestros hijos aprendan que todo es perecedero, que tiene fecha de caducidad. Además, los objetos, las relaciones, las personas pueden romperse, quebrar.

Sabemos que los socavones de la vida no se pueden evitar, lo que sí podemos es superarlos. Es aquí donde los padres hemos de intervenir para muscular cognitiva y emocionalmente a nuestros hijos, de forma y manera que, ante los vaivenes de la vida, recobren pronto el equilibrio, la armonía.

Fortalezcamos el optimismo, una fuerza difícil de medir. Esta dimensión de personalidad permitirá a nuestros hijos considerar los dilemas y desgracias como específicos, temporales y de causa exógena.

El estilo explicativo optimista les propiciará mayores niveles de motivación, logro y bienestar físico, además de menores síntomas depresivos. Serán más resistentes y ejercerán mayor control sobre el futuro.

El optimismo se debe explicar de forma racional y activa, para que el niño alcance un optimismo inteligente, no bobalicón. Las situaciones pueden encararse como problemas, pero lo adecuado es hacerlo como retos.

Cuando se atraviesa por uno de los múltiples baches y turbulencias de la vida, el optimismo ayuda a modificar las ideaciones negativas y destructivas con las que uno mismo se envenena. Pero para evitar esa contaminación hay que ayudar a los niños a detectar los pensamientos que cruzan por su mente casi de forma imperceptible en los peores momentos para evaluarlos y apartarlos, dejando espacio para generar otras ideas más certeras, alternativas y esperanzadoras. No es fácil, pero se consigue desdramatizar y percibir la luz al final del túnel.

La compasión, el conmoverse con el otro engrandece a la persona, la convierte en realmente humana, pero haremos bien en educar a los niños para que, desde esa empatía, actúen con la suficiente inteligencia emocional para no hundirse en un pozo sin fondo. Y es que a partir de sucesos indeseables se puede madurar, crecer interiormente y desarrollar la creatividad.

Para educar así, para fortalecer a los hijos, haremos bien dando ejemplo. Tenemos todo el transcurso vital para fortalecernos, para seguir haciéndolo. Eduquemos en la capacidad para solucionar conflictos, sabedores de que vivir es ir de crisis en crisis.

Para tomar mejores decisiones, los niños han de aprender a implicar los pensamientos y las emociones. Enseñemos a nuestros hijos a poner palabras a sus sentimientos y emociones, a reflexionar sobre ellos, a recabar datos sobre lo que sucede, a adoptar una distancia óptima, a indagar en lo que le ocurre y percibe el otro.

En la vida nos encontramos con estados difíciles de definir, con sensaciones "sin palabras", pero precisamente esa dificultad para verbalizar lo que nos acontece nos hace padecer más.

Establezcamos redes familiares fuertes, diseñemos estrategias de grupo para afrontar las distintas situaciones de forma eficaz. Establezcamos redes de apoyo externas, con el vecindario, con los amigos. Ofrezcamos oportunidades de desarrollo tales como voluntariado, estudio, trabajo. Incentivemos la participación de todos los miembros familiares en clubes, asociaciones.

Creo que transmitir religiosidad o transcendencia facilita el sentido de la vida al aportar unas creencias o interrogantes que, naciendo de nuestro ser, nos elevan por encima de nosotros mismos.

Desde corta edad, la esperanza, el ser consciente de las cosas buenas que suceden y coherentemente agradecido, generar sonrisas en los demás, trabajar bien en equipo, organizar actividades grupales, aflorar los sentimientos de uno mismo y de los demás, son atributos que hemos de legar.

16
Miedos y adolescencia

El miedo es una emoción común, esperable, básica. Todos, en diferente medida, lo hemos experimentado. Es una respuesta fisiológica innata desde que nacemos, un factor protector y socializante con un papel clave para la supervivencia (Pérez-Grande, 2000; Martin-Vivar, 2023).

El miedo aparece en determinadas situaciones, en su mayoría amenazantes o peligrosas para la integridad de la persona. El miedo, a su vez, es una reacción corporal que vivimos como un estado de excitación y tensión. Por ello, es concebido como un fenómeno motivador y socializante (Adolphs, 2013; Pérez-Grande, 2000; Martin-Vivar, 2023).

Que los niños tengan miedo es algo común en su desarrollo. Los miedos en estas edades son iguales para todos y van cambiando según van evolucionando en edad y maduración. No se tiene el mismo miedo a todas las edades. Lo que hay que procurar es ir superándolos y que no se queden perpetuos.

Y en la adolescencia siguen perdurando algunos de los miedos de etapas anteriores, pero se intensifican los miedos referidos al rendimiento escolar, a las relaciones sociales... sin embargo, desaparece el miedo al peligro, a la muerte, llevándolos incluso alguna vez a ponerse en situación de riesgo.

Debido al paso de los adolescentes de la dependencia a la independencia de sus figuras parentales, vivirán con frecuencia miedos, dudas y temores. La elaboración y procesamiento de todas estas dudas favorecerá la generación de un criterio propio que actuará como base fundamental para cualquier decisión u opinión que elaboren en el futuro (Ruiz y Juanas, 2013; Güemes-Hidalgo *et al.*, 2017; Martin-Vivar, 2023).

Si nos centramos en los adolescentes, uno de los miedos fundamentales asociado a esta etapa es el miedo al fracaso, al rechazo, a no estar a la altura de lo que esperan sus padres, sus familiares y el contexto que los rodea. Miedo al ridículo, a que los demás confirmen sus temores y se den cuenta de que no son suficientes (Martin-Vivar, 2023).

Otro miedo característico es el miedo a ser heridos, a percibir que no pueden estar al mando de su vida. Evitar a toda costa el sufrimiento y, por lo tanto, cuando se produce, evitar activamente su análisis como parte de establecer el sentido de vida (Martin-Vivar, 2023).

También tienen miedo a la presión social, a la incertidumbre que les depara el futuro, a la enfermedad, a la muerte, a las primeras relaciones amorosas, y a la soledad, a quedarse sin amigos.

Cuando el miedo interfiere en la vida cotidiana del adolescente, se habla de fobia, ya sea al agua, a la oscuridad, etcétera. Ante esta situación se debe recurrir a un especialista.

Miedo a la frustración

La frustración es el sentimiento que surge ante una situación en la que un deseo, un proyecto, una ilusión o una necesidad no se satisface o se cumple.

Es parte de la vida, las cosas no siempre resultan como esperábamos y las ilusiones y expectativas que teníamos pueden no cumplirse. No podemos evitarla, pero sí podemos aprender a manejarla y “superarla”.

Tolerar la frustración significa poder enfrentar los problemas y limitaciones que tenemos a lo largo de la vida. La baja tolerancia a la frustración nos causa enfado, depresión e incapacidad ante cualquier problema y provoca la evitación o mala solución del mismo.

Según la intensidad de la frustración y nuestras características personales, la reacción podrá ser de molestia, ansiedad, depresión, angustia, enfado, rabia...

Hay que aprender a tolerar la frustración en la infancia, si no el adulto seguirá sintiéndose mal ante cualquier límite o ante la necesidad de posponer una satisfacción.

Es tarea de los padres enseñarles a controlar y conducir los sentimientos de frustración, rabia o enfado, indicándoles de antemano lo que no se les consentirá, mostrándoles las vías alternativas existentes para la resolución de conflictos, ayudarlos a buscar soluciones conjuntamente, a valorar las que pudieran ser factibles y las que no. Ante las frustraciones, hay que tratar de dar modelos de cómo se aceptan (no todo lo que hace uno sale bien) y cómo resolverlo.

En un momento determinado se ha de zanjar las muestras de enfado y en toda ocasión se ha de exigir autocontrol. Y en todo caso, desde muy pequeños siendo cariñosos pero inflexibles, sin perder la serenidad ni la autoridad. Sin autoridad, no es viable enseñar.

Dudas e incertidumbres

La vida es sorpresiva, desconocida, y juega a veces malas pasadas. Es por eso que hay que educar a nuestros hijos, a nuestros alumnos, para ser flexibles, para ser adaptables, para generar pensamientos alternativos, para no rumiar ideas.

La vida tiene mucho de incertidumbre, piénselo, qué será de mañana, qué será de nosotros mañana. Y lo que da seguridad a una persona es saber que, pase lo que pase y acontezca lo que acontezca, tendrá recursos para afrontarlo.

Es por ello que hay que educar a nuestros niños para tomar decisiones, para percatarse de que se han confundido, para apoyarse junto a los otros, para no sufrir en silencio, para fortalecer un carácter, para imaginar lo que seremos capaces de realizar.

Y es en ese punto en que hemos de manejarnos en las disonancias cognitivas, y regalarles dilemas para que tengan que hacer planteamientos que no son fáciles, que son complejos, en los que cuesta decidir, en los que uno mira alrededor y se sabe solo.

La incertidumbre, la duda, es lo que nos enriquece, lo que exige de nosotros mostrar inteligencia, capacidad de relación, capacidad de anticipación.

Educar en la incertidumbre nos enriquece también a nosotros, nos genera humildad, nos zarandea.

Hay quien no sabe resolver dilemas, se pasa la vida en una duda permanente sin saber si seguir sentado o levantarse. Somos en gran medida contradicciones.

El conocimiento exige esfuerzo. Hay que aprender a aprender, y resulta apasionante que cuanto más sabemos, más dudamos, e ignoramos muchísimo más de lo que sabemos. Cuando no hay espacio para la duda, cuando la incertidumbre no tiene lugar, tenemos un problema.

Hemos de tener confianza en nosotros mismos y afrontar la incertidumbre, hacer bien las cosas y dejar que los acontecimientos sucedan. Es con lo que nos sucede con lo que nos dotamos de experiencia, siempre y cuando seamos conscientes de lo que hacemos con lo que nos sucede.

Hacer a un niño más elástico, más flexible, le dará una vida donde las bofetadas, que las va a recibir, no van a hundirle. Hay que poner a los hijos de cara a la realidad, porque los queremos.

Hay niños que son flexibles, que se adaptan a las nuevas circunstancias. Han tenido la suerte de comprobar cómo sus familiares enfrentaban correctamente los problemas y dificultades, los padres les han transmitido apoyo emocional.

En la vida estamos muchas veces ante dilemas, ante opciones en conflicto, y las emociones y los sentimientos resultan útiles y aumentan la eficiencia del proceso de razonamiento.

Apoyo para superar los miedos

No debemos ridiculizar al adolescente por lo que siente, sino reforzarlo con frases de ánimo ante cualquier avance en su tarea de vencer el miedo, apoyarlo y comprender esos miedos que tiene.

Dejémosles que cuenten sus miedos, sus temores. Y asegurémonos de estar disponibles para que puedan contárnoslo. Es conveniente mostrar, como modelos que somos para ellos, que no hay riesgo.

Enfrentemos juntos el miedo, y ofrezcámosles estrategias para que, poco a poco, lo vayan logrando.

Y si es necesario, porque los miedos son graves y persistentes, busquemos ayuda profesional.

17
Negligencia y maltrato

La negligencia y el maltrato infantil, ya sea físico, psicológico o emocional, representan graves problemas que impactan de manera profunda y duradera en la vida de los niños. Estos actos, perpetrados por aquellos encargados de su cuidado, no solo constituyen violaciones directas a los derechos de los menores, sino que también generan una serie de consecuencias psicológicas, emocionales y sociales que pueden marcar de manera negativa su desarrollo y bienestar a largo plazo.

El impacto del maltrato y la negligencia en el desarrollo psicológico y emocional de los niños es profundo. Los niños que sufren estas formas de abuso a menudo experimentan una gran cantidad de problemas emocionales que pueden persistir durante toda la vida si no se abordan adecuadamente. Entre las consecuencias más comunes se encuentran:

- **Desarrollo emocional:** Los niños maltratados o que sufren negligencia tienden a desarrollar una baja autoestima, lo que se manifiesta en sentimientos de inferioridad, inseguridad y una percepción negativa de sí mismos. La falta de afecto y apoyo emocional por parte de los cuidadores puede llevarlos a sentirse abandonados, no queridos y poco valiosos, afectando su capacidad para establecer relaciones saludables y seguras en el futuro.
- **Trastornos de salud mental:** El abuso y la negligencia están fuertemente asociados con el desarrollo de trastornos psicológicos. Los niños expuestos a estas situaciones tienen un riesgo elevado de sufrir

trastornos de ansiedad, depresión, trastorno de estrés postraumático (TEPT) y problemas de comportamiento. Estos trastornos no solo afectan a su vida diaria, sino que también pueden influir negativamente en su desempeño académico y social, perpetuando un ciclo de exclusión y fracaso. Según el Child Welfare Information Gateway (2023), estos trastornos pueden impactar significativamente el desarrollo cerebral, especialmente si el abuso ocurre en los primeros años de vida.

- **Problemas en la regulación emocional:** Los menores que han sufrido maltrato a menudo muestran dificultades para manejar sus emociones de manera adecuada. Pueden exhibir conductas autodestructivas, como la automutilación, o recurrir a mecanismos de defensa disfuncionales, como la disociación, para hacer frente a la angustia emocional. Estas dificultades en la regulación emocional pueden complicar aún más su capacidad para desenvolverse en la escuela, el hogar y la comunidad.
- **Relaciones interpersonales:** La experiencia de maltrato o negligencia puede afectar la capacidad del niño para confiar en los demás. Esto puede resultar en dificultades para establecer relaciones interpersonales sanas y estables, tanto en la infancia como en la adultez. Los niños que han sufrido abuso pueden volverse retraídos, desarrollar desconfianza hacia las figuras de autoridad o, en contraste, pueden volverse demasiado dependientes y buscar constantemente la aprobación de los demás.
- **Ciclos de violencia:** Sin intervención adecuada, los niños maltratados pueden internalizar las conductas abusivas y reproducirlas en sus relaciones futuras. Esto incluye la posibilidad de convertirse en agresores en sus relaciones interpersonales o en la crianza de sus propios hijos, perpetuando un ciclo de violencia que atraviesa generaciones.

Consecuencias a largo plazo

El impacto del maltrato y la negligencia no se limita a la niñez; las consecuencias pueden extenderse a lo largo de la vida adulta:

- **Problemas académicos y abandono escolar:** Los niños maltratados tienen un mayor riesgo de experimentar dificultades en el aprendizaje, bajo rendimiento escolar y, eventualmente, abandono escolar. Esto reduce significativamente sus oportunidades de empleo en el futuro, perpetuando un ciclo de pobreza y marginación.
- **Comportamientos de riesgo:** A medida que los niños maltratados crecen, pueden involucrarse en comportamientos de riesgo, como el abuso de sustancias, la delincuencia o la participación en actividades sexuales de alto riesgo, como mecanismos de afrontamiento inadecuados para lidiar con su dolor emocional. De acuerdo con la Organización Mundial de la Salud (OMS) (2022), estos comportamientos de riesgo son una forma de lidiar con el trauma, pero también aumentan la posibilidad de que surjan problemas de salud física y mental a largo plazo.
- **Dificultades en la vida adulta:** Las personas que han sido víctimas de maltrato en la infancia pueden experimentar dificultades persistentes en la formación de relaciones estables, mantener un empleo y enfrentar problemas de salud física y mental crónicos. Además, tienen un mayor riesgo de involucrarse en comportamientos antisociales o de caer en la pobreza.

Prevención e intervención

La prevención del maltrato y la negligencia requiere un enfoque multifacético:

- **Apoyo familiar y comunitario:** Es esencial implementar programas de apoyo que brinden a los padres recursos y educación sobre prácticas de crianza positivas y manejo del estrés. También es crucial fortalecer las redes comunitarias que ofrecen apoyo emocional y material a las familias en riesgo.
- **Capacitación profesional:** Los profesionales que trabajan con niños deben estar capacitados para identificar y responder adecuadamente a los signos de maltrato y negligencia. Esto incluye maestros, traba-

jadores sociales y personal sanitario, quienes desempeñan un papel clave en la detección temprana y la intervención. Según el *National Child Traumatic Stress Network* (NCTSN) (2023), la formación adecuada de estos profesionales puede hacer una diferencia significativa en la identificación y respuesta temprana a los casos de abuso.

- **Intervenciones centradas en el niño:** Los programas de intervención deben centrarse en las necesidades específicas de los niños afectados, ofreciendo apoyo psicológico, terapia emocional y programas de resiliencia que les ayuden a superar las secuelas del maltrato y a construir un futuro más seguro y saludable. El Centro de Desarrollo Infantil de la Universidad de Harvard (2023) subraya la importancia de las intervenciones tempranas para mitigar los efectos del trauma en el desarrollo cerebral y emocional de los niños.

Contexto en España

En España, la negligencia es la forma más común de maltrato infantil, seguida por el maltrato emocional. Según datos recientes, más de la mitad de los casos reportados involucran a adolescentes, lo que pone de manifiesto la gravedad del problema en este grupo de edad. Este incremento en las denuncias ha sido impulsado, en parte, por la Ley de Protección de la Infancia y Adolescencia frente a la Violencia, aprobada en 2021. Esta ley establece la obligación de denunciar cualquier sospecha de maltrato y garantiza que los profesionales que trabajan con menores reciban la formación adecuada para intervenir de manera efectiva, evitando la revictimización de las víctimas.

A pesar de estas medidas, muchos niños en España siguen sufriendo en silencio, ya que el miedo, la vergüenza o la falta de confianza en el sistema les impiden buscar ayuda. La respuesta institucional, aunque cada vez más efectiva, aún enfrenta desafíos importantes, como la falta de recursos especializados y la necesidad de una mayor coordinación entre los servicios sociales, educativos, de salud y judiciales.

18
Padres sobreprotectores

En la actualidad tenemos unos padres que sobreprotegen en exceso. Que transmiten a sus hijos sus propios miedos. Que quisieran que sus niños no sufran, no padezcan. Sobreproteger en exceso puede llegar a ser casi un maltrato.

Si cuidamos mucho a un niño, en vez de un árbol tendremos un bonsái. Son los padres quienes tienen que medir el grado de protección que sus hijos necesitan para aprender a desenvolverse solos.

Estamos hablando de un fenómeno muy extendido hoy en día, la hiperpaternidad. Son padres helicóptero, porque siempre están vigilando. También los hay apisonadora, porque allanan el camino que han de seguir sus hijos, o padres quitanieves o *curling,* que fijan la meta que ha de alcanzar su hijo y le muestran el camino a seguir. Y no nos olvidemos de las *soccer moms*, que llevan a sus hijos en grandes todoterrenos de aquí para allá, ni de los padres mayordomos que ejercen de choferes, guardaespaldas... de sus hijos.

Se les protege del más mínimo riesgo. Ahora los niños no saben subirse a un árbol y están faltos de carreras y juegos en el parque por padres que piensan que puede ser peligroso.

Claro que los padres deben de intervenir activamente cuando un hijo sufre acoso escolar, o es el agresor, pero no debe considerarse un "casco azul" entre dos niños que riñen por la pelota en el jardín.

Y es que si un adolescente nunca ha recibido una orden contundente que se ha de llevar a efecto porque sus padres no han querido, no han podido o no han sabido imponer criterios, normas y prohibiciones, es muy difícil que esta persona, que pronto será adulta, asuma de un Juez una disposición, una medida.

Los padres inmaduros generan en sus descendientes un alto grado de neurosis, de dificultad para ubicarse. Los niños se sitúan en riesgo al no conocer el devenir de su proceso, al sentirse al albur de las circunstancias, al tener que madurar sin alguien que les sirva de ejemplo, de apoyo, de sostén.

No hay padre que no te diga: "Educar hoy es más difícil". Y quizás tengan razón, antes existía la autoridad del padre, la autoridad del profesor, la autoridad del policía, del alcalde, y hasta del cabo en el ejército. Todo ello se ha puesto en duda, y algo tan benéfico como la democratización de las relaciones, de las instituciones, se ha infiltrado equívocamente. Cuando la ciudadanía delega sus responsabilidades por miedo a la contestación de los jóvenes o a la de sus padres, o a la denuncia de estos, entramos en un terreno pantanoso.

Creo captar que muchos padres no quieren asumir su responsabilidad, sancionar, mostrarse maduros, adultos, y se manejan en una nebulosa de familia democrática, de amigo, de colega, absolutamente confundidos. La sanción es parte de la educación. La sanción es necesaria.

Bien está la educación horizontal, la igualdad, pero a veces se confunde la amistad con el coleguismo, con hacer lo que otros hacen sin criterio propio, sin límites, sin razones objetivas.

Debiéramos preguntarnos si todos los padres estamos preparados para educar a todo tipo de hijos. Quizás la respuesta sea no. Cualquier persona sabe que hay niños muy serenos, que duermen bien por la noche, que descansan, que no son llorones, que son un gusto. Por contra, otros son muy demandantes, muy exigentes, muy negativistas, muy de rabietas. Hablamos de temperamento.

Y cuando todo esto se da, es esencial tener unos padres en la medida de lo posible tranquilos, serenos, que sepan mantener una distancia óptima, que valoren, que no se enerven ni se dejen llevar por la ira, que no entren en un combate de igual a igual.

Me rebelo contra el criterio de que los padres siempre se han de poner del lado del hijo. No lo comparto, no lo admito, naturalmente que no. Un buen padre tiene que recriminar gravemente a su hijo, tiene que llorar por lo que ha hecho su hijo, tiene que preguntarse qué ha hecho mal como padre, tiene que pedir perdón a la víctima y a sus padres.

No alcanzo a entender en lo profundo por qué hay tantos padres que defienden a capa y espada a sus hijos en todos los ámbitos, en toda ocasión y en toda conducta. Pienso que hablamos de miedo, miedo a que el hijo se vuelva contra ellos si este padre no se muestra rendido al mismo, sometido al mismo, y por eso tergiversa la realidad, y por eso intenta argumentar lo indefendible. A los niños hay que sancionarlos cuando lo merecen, sin miedo a que se traumen.

Estamos ante unos padres que parecen confundir educar con maltratar. Ante unos padres que no defienden sus derechos, su espacio, su realidad personal. Es como si se hubiera girado el tablero, de unos hijos que tenían miedo a los padres, a unos padres que tienen miedo a los hijos y al qué dirán. Educar conlleva también asumir riesgos, no claudicar, no ser dubitativos, no dejarse chantajear.

Hay progenitores que han renunciado a serlo, se aprecia flojera de autoridad, y junto a ello el valor del esfuerzo y la cultura del logro han pasado a mejor vida. Es más, hay quien confunde negociación (que ya es un craso error) con dejación. Hay padres, repito, que pierden de vista su papel, y son incapaces de transmitir mensajes coherentes a sus hijos y, finalmente, con tal de evitar conflictos (más aún si se trata de familias desestructuradas o recompuestas) acaban negociando y consintiéndolo todo.

Son los padres los que han de hacer crecer en el niño ese desarrollo moral, social, cívico, donde se fomente el dar respuesta al deber, a la obligación, al bien hacer.

Y si bien se invierte tiempo, dinero y esfuerzo en el currículum de los hijos, haremos lo correcto al mejorar en disciplina, en decir a los niños «no» para que se sientan seguros y protegidos. Por cierto, el «no» es innegociable. No se puede retirar.

No se trata de evitar a los hijos las dificultades de la vida sino, muy al contrario, de enseñarles a superarlas. Los padres, las madres, no hemos de ser ni superman ni superwoman, dejemos correr a los niños hacia su vida, hacia su discurrir, hacia su forma de optar.

Preocupa mucho su formación, cada vez los niños reciben antes clases particulares y se da mayor relevancia a las notas que al aprendizaje. Muchos niños toman medicamentos que los ayudan a concentrarse en los estudios. Un control excesivo que repercute en no saber valerse por ellos mismos. El cordón umbilical existe incluso después de terminar la carrera universitaria, en algunos casos.

Además, estas extraescolares repercuten en el poco tiempo que los niños pasan en familia, con sus hermanos (si es que los tienen). Deberían tener cada día tiempo para entretenerse ellos mismos sin la ayuda de adultos ni tecnologías.

Por cierto, en las ligas deportivas se ha de bajar la presión de esos padres que braman desde el banquillo y no permiten que los niños disfruten con el deporte, no todo es ganar.

La disciplina, el deber, las exigencias, son retos que se alcanzan desde la cotidianeidad, desde los hábitos, pues no nacen por generación espontánea. Es más, si de niño, de adolescente, no se introyectan sentimientos de deber, habrá dificultades para hacerlo de adulto.

Cuando alcanzan la adolescencia se hacen más independientes, pero necesitan a la familia, sentirse queridos e identificarse con el adulto, normas que ayuden en el clima familiar, que sus padres estén disponibles cuando los necesiten y que se enorgullezcan de ellos.

Los padres sobreprotectores creen que demuestran cariño al resolverles todo a los hijos. Asimismo, ello les hace sentir importantes y les da el control de toda la situación.

Y lo asombroso es que muchos chicos, cuando salen del hogar de los padres, muestran su competencia para las compras, para la autonomía, para vivir con otros jóvenes, para asumir responsabilidades.

No seamos sobreprotectores

Hagamos que nuestros niños sean previsores, discretos, que sepan diferir gratificaciones dominando los impulsos y apetencias del presente en pro del objetivo a más largo plazo.

La gestión emocional se inicia transmitiendo a los hijos que su vida es suya, que la llevarán en sus propios brazos, que son ellos los que establecen las metas para alcanzar la felicidad y las conductas que le son consecuentes.

Enseñemos a convivir, es un objetivo esencial e irrenunciable. Mostremos cómo afrontar conflictos, pues es necesario para una correcta socialización, para salir del «Yo».

Convivir con los hijos es vivir con intensidad, disfrutar y manejarse en el conflicto. Eduquémosles en no ser consumistas, a ceder el sitio a personas mayores, embarazadas, con discapacidad. A respetar a los animales y al medioambiente.

Los niños necesitan tiempo y espacio para descubrir el mundo por ellos mismos. No se les puede robar la infancia, han de experimentar, jugar, imaginar, aburrirse, tener relaciones, descubrir quiénes son y lo que quieren ser sin sentirse tan controlados.

Es normal que se planteen conflictos, como no desear ir de vacaciones con los padres, querer quedarse solos en casa, dormir en casa de un amigo… Los padres han de propiciar y limitar los pasos de esa independencia adecuándolos a su edad y características (ir a campamentos, viajar en grupo...), canalizando sus impulsos y emociones sin cercenarlos, desde la confianza y el cariño ganados con los años.

Precisamos educación para la ciudadanía, conocimiento de los derechos humanos, de lo que de verdad significa la *polis*, la ciudad, el entramado social, el *Kairós*, que es el tiempo y las oportunidades.

Hemos de trasladar al niño y al adolescente que el mundo no es un parque temático, que la vida no es un parque Disney, hay que llevarle al mercadillo, al hospital, a la residencia donde está el abuelo con demencia senil… Sin ocultarle que existe la enfermedad, la tristeza, la melancolía, la depresión, que la vida no es justa, solo así podrá volver a mirar la vida cara a cara, solo así no haremos niños como el cristal, duros por fuera, pero frágiles por dentro, es así que a veces se rompen.

Créanme, sobreproteger hace niños dependientes, frágiles, que necesitan un tutor, una directriz. Y a veces, cuando la vida los abofetea, quieren huir de ella y se ponen en riesgo. Vacunemos a nuestros hijos contra la desesperanza, la desilusión y el sinsentido. Aprendamos a crecer con ellos.

19
Pérdida del sentido, el papel en la sociedad o el mundo

En este mundo, ¿qué lugar queda para nuestros niños y nuestros jóvenes? ¿Qué se les puede prometer a aquellos que nacen hoy, y a los adolescentes que, para convertirse en adultos, tendrían que desear el mundo y querer cambiarlo? ¿Cómo permitir a estos niños construir su propia historia? (Moro et al, 2021).

Lo que nos piden nuestros adolescentes es que seamos auténticos y que les transmitamos historias y herramientas para la vida. Y esta transmisión ha de suponer: libertad y optimismo (Moro et al, 2021).

Es por lo que hemos de enseñar a nuestros hijos a ser libres para construir su propia identidad, en un mundo en el que a veces no les da ganas ni siquiera de salir de sus propias casas. Ser libres para querer cambiar el mundo, pero sobre todo dotarlos de medios para lograrlo (Moro et al, 2021).

Crisis de identidad

Entendemos por crisis de identidad aquel momento de malestar emocional en que nos cuestionamos el sentido de nuestra propia existencia, manifestando patrones de pensamiento que pueden suponer un impedimento en nuestros quehaceres diarios. Este cuestionamiento y malestar vienen acompañados de grandes dudas, así como de un profundo sentimiento de vacío y de soledad (Ruíz de Eguino, 2023).

Forman parte de la evolución de los adolescentes y suelen ser transitorias. Y ello es porque se enfrentan a una serie de cambios tanto físicos como emocionales y psíquicos y no poseen las herramientas adecuadas para afrontarlos. Realmente buscan su propia identidad.

La crisis de identidad se caracteriza por un proceso interno de búsqueda y exploración de distintos roles, valores, creencias, intereses y metas personales. Los adolescentes comienzan a cuestionar quiénes son y qué quieren ser, y pueden experimentar una sensación de confusión y conflictos internos (Martínez, 2023).

Es importante destacar que no todos los adolescentes experimentan una crisis de identidad de la misma manera o en la misma medida. Algunos pueden atravesar este proceso de manera más suave y gradual, mientras que otros pueden enfrentar mayores dificultades y frustraciones (Martínez, 2023).

Los factores que influyen en la manifestación de la crisis de identidad son variados, incluyendo aspectos individuales (personalidad, historia familiar, experiencias previas), sociales (influencia del grupo de pares, presión social) y culturales (expectativas de la sociedad en cuanto a roles y comportamientos) (Martínez, 2023).

Podemos observar durante este periodo cambios de actitud y comportamiento, se pueden volver más rebeldes y desafiantes, explorarán diversos estilos de vida, su inseguridad y autoestima cambiará constantemente debido al grupo de iguales y a la presión social, buscaran su autonomía respecto a sus progenitores distanciándose de ellos y la aceptación de sus amigos. También experimentarán con diversas identidades.

Todo esto puede generar confusiones y conflictos internos. Los jóvenes pueden sentirse perdidos, experimentar miedo a no encajar en su entorno social, e incluso desarrollar comportamientos autodestructivos (Martínez, 2023).

Para que esta búsqueda de identidad se dé de forma sana y evitar caer en patrones tóxicos, debemos brindarles un entorno de comprensión y apoyo incondicional, además de alentarles a descubrir cuáles son sus verdaderos intereses y a definir metas acordes a sus creencias e inquietudes (Ruíz de Eguino, 2023).

Vacío existencial

El vacío existencial es un estado emocional que se caracteriza por una sensación de falta de propósito, significado o dirección en la vida, lo cual puede llevar a emociones como la apatía, la tristeza, la ansiedad o la búsqueda desesperada de experiencias nuevas para llenar ese vacío.

Nada les llena, nada les satisface y, precisamente, eso les acaba atrapando en un estado psicológico de sufrimiento. En la mayoría de los casos, esta situación deriva en una profunda depresión o en conductas autodestructivas (Sánchez Cuevas, 2022).

El vacío existencial es la espiral del sinsentido y la consecuencia de reconocerse a uno mismo como alguien que mira el mundo con una perspectiva diferente por las incongruencias detectadas o como alguien que se ha dejado llevar por la consecución del placer para evitar el sufrimiento (Sánchez Cuevas, 2022).

Todo esto resulta en una pérdida generalizada de la motivación, afectando todos los aspectos de la vida. Además, provoca dificultades para expresar emociones y una desconexión tanto del entorno social como de las relaciones interpersonales.

Este desamparo emocional puede traducirse en crisis de ansiedad y en conductas agresivas hacia uno mismo o hacia los que le rodean. Se relaciona con una sensación de "no tener nada dentro", de "sentirse solo" o de que "algo falta en mi vida, pero no sé lo que es". Normalmente, ese sentimiento de vacío nos avisa de algo más, aspectos de la personalidad que hay que trabajar o equilibrar (Menteypsicologia.com).

Viktor Frankl, psiquiatra austriaco, afirma que este vacío es la raíz de muchos trastornos mentales. Es decir, el quiebre en la dimensión noética o espiritual, esa sensación de que la existencia no tiene sentido, se expresa en la dimensión psicológica a través de tres grupos de síntomas principales: síntomas depresivos, síntomas agresivos con o sin descontrol de impulsos y adicciones (Sánchez Cuevas, 2022).

Según este psiquiatra, la búsqueda del sentido de la vida es la esencia de la misma. En la realización de este sentido el hombre aspira a encontrarse con otro ser humano en la forma de un tú y amarlo. Cuando el sentido de la existencia se ve frustrado, el deseo de poder o de placer ocupa el lugar más importante en la motivación de la conducta. De esta forma, la búsqueda de la felicidad se convierte en un fin en sí mismo y por lo tanto surge la frustración (lamenteesmaravillosa.com, 2024).

Frankl define el sentido de la vida como lo que da significado y ayuda a encontrar un soporte interno a la existencia. Motivo, razón, que nos orienta y nos guía, que nos impulsa para ser de una manera, para intentar lograr algo que desde la humildad nos parezca relevante para este vivir que a veces es injusto, ocasionalmente duro, doloroso, y siempre debe ser y trasmitirse como apasionante, por irrepetible.

Hay a quien le cuesta realmente entender la razón de ser, de estar, de continuar. Quizás no han elaborado bien quiénes son y se preguntan mucho por qué, cuando a lo mejor la pregunta es para qué, para quién.

La felicidad se obtiene como consecuencia de tener una meta, y no por la búsqueda directa de la misma. El optimismo es una pieza clave de la concepción de Frankl. En su filosofía, la vida aparece como una oportunidad a la que hay que responder; es necesario buscar la mejor opción para conservarla y por lo tanto mantener la promesa de sobrevivir. En este sentido, una vez definido el para qué, el acento pasa a los cómo (lamenteesmaravillosa.com, 2024).

Los valores hacen posible un viaje interior de donde surge, por un lado, la fe en el futuro, y por el otro, la búsqueda de recursos de amor y sentido en la propia historia personal de vida.

La relación entre fortaleza interior (valores, fe, amor, sentido) y meta futura, es el eslabón que integra al individuo y le permite reconocerse como un ser único e irrepetible (lamenteesmaravillosa.com, 2024).

Y hemos de plantearnos qué es lo que tenemos que trasladar los adultos a nuestros hijos, a nuestros alumnos, a nuestra infancia, en relación con la vida. Yo siempre he propuesto, aunque no lo he podido probar, que la razón final de la vida es vivir y en lo posible compartir, transmitir, y dejarse sorprender.

Sembremos esperanza y optimismo, disfrutemos de la vida, busquemos la armonía, la tranquilidad.

El optimismo protege de la visión desesperanzada, permite enfrentarse a situaciones estresantes y favorece un mejor rendimiento académico, deportivo y de adaptación profesional.

Si pudiéramos dar a los niños un complejo vitamínico de optimismo y de esperanza, este mundo giraría mejor, habría menos violencia que hunde sus “razones” en vivencias subjetivas de injusticia, de egoísmo, en inaceptable impotencia. Con estos verdaderos valores emprenderíamos más y mejores retos sociales. Los lazos humanos se facilitarían.

Ojalá los mayores que hablan del futuro consigan transmitir a los más pequeños que mereció la pena.

Soledad

La soledad puede surgir como una experiencia común pero profundamente dolorosa y compleja. La soledad en adolescentes no solo se refiere a la falta de compañía, sino también a una sensación subjetiva de aislamiento y desconexión emocional, que puede tener serias repercusiones en su bienestar psicológico y en su desarrollo personal.

El sentimiento de soledad es subjetivo, y aunque se suele asumir que todas las personas interpretamos la soledad de la misma manera, dándole un significado universal, la realidad es que hay tantas soledades como personas la experimentan (Paif).

La soledad se define como una vivencia subjetiva de falta de conexión con los demás, tanto en cuanto a la cantidad de relaciones sociales como a la calidad de estas. La presencia física de personas importantes para nosotros no es una condición suficiente para no sentirse solo, necesitamos sentirnos conectados con ellas (Elías, 2024).

Un reciente estudio promovido por la Fundación ONCE en colaboración con la organización Ayuda en Acción, asegura que uno de cada cuatro jóvenes de 16 a 29 años (el 25,5%) declara sentirse solo. Tres de cada cuatro, el 75,8%, dicen sufrir soledad no deseada desde hace más de uno año; y casi la mitad de la juventud, el 45,7%, tiene ese mismo sentimiento desde hace ya tres años (Apezteguía, 2024).

La falta de relaciones significativas de calidad y en la cantidad necesaria puede provocar al niño y al adolescente tristeza, malestar, aburrimiento, emociones positivas reducidas, sentimientos de vacío, vivencias de aislamiento y distanciamiento y angustia. Los niños que se sienten solos se sienten excluidos. Este es un sentimiento que puede ser perjudicial para el desarrollo de su autoestima (Elías, 2024).

Se ha asociado la soledad a problemas como la ansiedad, la depresión, el aumento del riesgo de suicidio, la mala calidad del sueño y la salud general, así como cambios fisiológicos (Elías, 2024).

Según la neuropsicóloga Natalia Ojeda, a pesar de que supuestamente lo tienen todo y de que hoy están más conectados que nunca, se sienten solos. Y eso por algo tan sencillo y tan ligado a la condición humana como que las personas, para su bienestar emocional, necesitan relacionarse (Apezteguía, 2024).

Una pantalla y un ratón no bastan para construir la confianza, la cordialidad, el respeto y, muy importante, los afectos necesarios para forjar una relación de amistad. Aunque las redes sociales no sean la causa determinante de la soledad juvenil, sí lo es, y en gran medida, la presencialidad que con ellas se ha perdido. Lo que vale es verse las caras de verdad. Lo que echan en falta son amigos de verdad, de carne y hueso, y no virtuales, que los tienen a porrillo. (Apezteguía, 2024).

El diálogo abierto entre padres, educadores y adolescentes es clave para comprender y abordar las causas subyacentes de la soledad. Además, se deben alentar actividades que fomenten la participación, la colaboración y el desarrollo de relaciones significativas. Educar sobre el uso saludable de la tecnología y promover la conciencia sobre la importancia de la salud mental también desempeñan un papel crucial en la prevención y mitigación de la soledad no deseada en esta etapa vital (PsicoTools, 2024).

20
Perspectivas de futuro

Según el estudio *Youth Talks*, los jóvenes españoles están bastante más preocupados que los de otros países por la economía, la global y la personal, y la incertidumbre con que ven ese ámbito se refleja en sus aspiraciones de futuro: su segundo mayor deseo, después de la felicidad personal, es la estabilidad (Rius, 2023).

Están más preocupados por tener tranquilidad, estabilidad económica y un hogar propio que por el éxito personal, la carrera y el desarrollo profesional, que son los deseos más habituales entre sus coetáneos europeos y de otras partes del mundo (Rius, 2023).

En cuanto a los problemas de la sociedad, aparecen la pobreza, la desigualdad, la recesión y los problemas medioambientales. Dejan constancia de que les preocupan más los temas personales y cercanos que los globales.

Pero la juventud mundial tiene como tema prioritario compartido el lograr un mundo con menos violencia, menos conflictos y el fin de las guerras.

La juventud española, por su parte, no renunciaría tan fácilmente a los derechos del estado del bienestar y a la familia como sus coetáneos europeos.

Por su parte, Ayuda en Acción (2023) ha hecho un estudio sobre el empleo y la juventud española, donde alerta de que, a pesar de las mejoras en las condiciones del empleo, persiste la desigualdad. La edad de emancipación en 2030 seguirá estando muy por encima de la media de países de la Unión Europea.

El empleo juvenil sigue siendo el más precario, influido por la tasa de temporalidad y empleo a tiempo parcial. Esto, sumado al elevado precio de la vivienda, dificulta en gran medida la emancipación en España.

Esta situación es ratificada por la primera radiografía sobre los jóvenes españoles que ha realizado la OCDE (2023), poniendo de manifiesto que la alta tasa de desempleo (el 28% en menores de 25 años), la mala calidad de los trabajos, la complicada transición de la vida académica a la laboral y las dificultades para abandonar la vivienda familiar, hacen que "la vida de los jóvenes españoles sea peor que la del mismo colectivo de edad en otros países europeos de la OCDE" (Torres, 2023).

Por consiguiente, y según el estudio realizado por la Fundación BBVA (2023), los jóvenes creen que vivirán peor que sus progenitores, y coinciden en que su principal problema es el mercado de trabajo, seguido de problemas en el sistema educativo, el acceso a la vivienda y el consumo de drogas y alcohol (Pérez et al, 2023).

También les preocupa mucho su salud mental, con problemas como la ansiedad, la soledad, la depresión...

Cómo mejorar

Para mejorar se necesitan políticas que ofrezcan oportunidades educativas tempranas a todos los niños y niñas. Y alentarles a elegir bien la formación posobligatoria, mejorando la formación profesional, el seguimiento de las universidades de la inserción laboral y el desarrollo de políticas de orientación académica y laboral (Pérez et al, 2023).

Son necesarias unas mejores políticas de empleo para rescatar a los jóvenes de la inactividad y el paro, así como políticas contra la precariedad laboral que reduzcan la temporalidad del empleo. Hay que fomentar la vivienda pública de alquiler, facilitando la movilidad de los jóvenes, la emancipación y la natalidad (Pérez et al, 2023).

Las familias son el pilar fundamental para prestar la importancia necesaria a la educación desde muy temprano y hasta su emancipación.

21
Sectas y grupos fanáticos

Se calcula que en España existen unas 250 sectas y otro centenar de grupos está en estudio. Casi seis millones de españoles habrían estado en contacto directo o indirecto con organizaciones que consideran sectas. Estos grupos se centran entre Madrid, Barcelona y Comunidad Valenciana. La Costa del Sol también es considerado uno de los puntos calientes del crecimiento de este tipo de grupos y sectas.

Definimos secta como un grupo hermético que se asienta en una estructura piramidal, liderado por un gurú carismático que inocula fanatismo irracional, manipulando desde una falsa espiritualización. Es innegable su peligrosidad, en muchos casos delictiva.

Según Cuevas, la heterogeneidad del mercado sectario es tan amplia y contiene planteamientos tan dispares que puede afirmarse que existe una secta para cada persona, o mejor dicho, una secta para cada necesidad. Estos grupos pueden adoptar diferentes formas, simulando ser organizaciones saludables y normalizadas: asociaciones culturales, religiosas, centros de terapias alternativas o de crecimiento personal, de yoga, deportivos, grupos ecologistas, franquicias comerciales, etc. (Urra, 2019).

Este mismo autor nos indica que la entrada a grupos coercitivos parece depender, en gran medida, de la combinación de una oferta suficientemente atractiva a las actitudes o necesidades del potencial miembro, una adecuada exposición a dicho ofrecimiento (proceso de captación), la presencia de factores vitales facilitadores y, por último, los factores personales de riesgo (Urra, 2019).

En cuanto a los miembros que conforman una secta, según los autores Rodríguez Carballeira y col., no pueden considerarse como individuos raros, inadaptados o con problemas psicológicos previos, sino como personas "normales" que en algún momento de vulnerabilidad son contactadas por la secta (Urra, 2019).

A diferencia de las personas que las lideran, que suelen ser carismáticas con rasgos narcisistas, antisociales y paranoides, unidos al despliegue de un fuerte carisma y una gran capacidad de engaño.

Son múltiples los factores de manipulación que utilizan para ganarse adeptos, como el lavado de cerebro, el control de la información, el *efecto Forer* (tendencia a aceptar descripciones generales de su personalidad) o la debilitación de los lazos externos (familia y amigos) como nos indica Muiños (Urra, 2019).

Pero quizá sea la persuasión coercitiva la más utilizada, entendiendo como tal cualquier acto deliberado de una persona o grupo para influir en las actitudes o conductas de otras personas, apoyándose en el uso de la fuerza (ya sea física, psíquica o social), directa e indirecta; manifiesta o latente, como nos dicen Rodriguez Carballeira y col. (Urra, 2019)

Uno de los primeros signos visibles de que una persona ha ingresado en una secta es que el tiempo que la persona dedica al grupo aumenta de forma progresiva, disminuyéndose por otro lado el tiempo que dedica a la familia, al trabajo, a las relaciones sociales o a sus aficiones previas. Esto suele venir acompañado de un cambio importante en la actitud hacia las personas de su entorno previo, pudiendo mostrarse frío, distante y hostil. (Rodríguez Carballeira, Almendros, Saldaña).

La salida de una secta coercitiva puede producirse de forma voluntaria, por iniciativa del propio sujeto; de forma voluntaria, con ayuda y tratamiento profesional externo; por expulsión y mediante desprogramación no voluntaria, explica Rodríguez Carballeira (Urra, 2019).

El principal problema con el que se encuentran quienes han abandonado las sectas destructivas es el desmoronamiento de su propia identidad. Hay una buena razón para que así sea: durante años han vivido con una identidad «artificial» que les ha proporcionado la secta. (Hassan).

Los gurús del crecimiento personal, los "*coaches* ontológicos" y, en general, las "sectas digitales", se han convertido en uno de los fenómenos sectarios que más han proliferado entre los jóvenes tras la pandemia sanitaria de la covid-19 (EFE, 2024).

Los ejemplos de "nuevas propuestas" en la plataforma YouTube son constantes, sobre todo en cuanto a "la proliferación sin límite de todo tipo de terapias mágicas y milagrosas de fin de semana o consejos de vida de "*coaches* ontológicos" que repiten como mantras dos, diez o quince frases, prometiendo una mejoría económica, laboral o empresarial (EFE, 2024).

Las sectas digitales presentan las mismas características: en primer lugar, un liderazgo indiscutible justificado en torno a un talento o a unas capacidades fuera de lo común; un control desmedido de las relaciones personales y su intimidad, y un daño posterior sobre la persona afectada a nivel psicológico, económico, sentimental o incluso sexual (EFE, 2024).

Grupos fanáticos

Tenemos jóvenes que no se sienten bien, que ocultan un vacío existencial. Ahora, sin razón para vivir, tienen una para morir, porque la muerte los convierte en mártires.

Hay adolescentes violentos que buscan una causa donde poder vomitar su náusea. El «canto de sirena» llega desde la zona caliente, el foco de guerra. El territorio en expansión. El Daesh busca atraer jóvenes, ya lo ha conseguido en Ceuta, en Melilla, en Cataluña. Reclutan *muyahidines* y mujeres para enviar al califato. Atraer desde la ferocidad de la batalla. La llamada desde la red para convertirse en salvadores, para inmolarse por una causa. Arrastran a sus hermanos más jóvenes.

La radicalización ahora es en "microondas", pues en general se fanatizan de forma exprés. No, no se forman en las escuelas, sino en la red, en un volcán de odio, aderezado de fundamentalismo salafista. Lo hacen a través de Google y YouTube en dos meses, con escasa interiorización teológica.

También "se cuecen" en las mezquitas, donde se les explica lo que es ser un "buen musulmán", se genera una relación personal, se les inducen las recompensas futuras; tras su muerte "heroica" se les aproxima el paraíso, el dinero, las mujeres.

Es difícil de combatir, porque no solo se nos infiltran en nuestra evolucionada sociedad, quebrando la confianza y la seguridad, sino que hay jóvenes denominados "nuestros" que desertan de nuestra forma de vivir, que nos acribillan.

Cómo actuar

La educación es fundamental. Asumiendo su responsabilidad de formar personas libres y autónomas, puede vigorizar el espíritu crítico e independiente que proteja al alumno frente a estos riesgos.

Nuestras sociedades occidentales incluyen espacios de marginación y desigualdad. Pero también se aprecia una falta de identidad, la pérdida de sentido de trascendencia, de la religiosidad, del más allá.

Eduquemos en los valores democráticos, de libertad, en la capacidad crítica, en la autonomía personal.

Hemos de trabajar con la percepción de una amenaza al yo como paso previo a la desvinculación psicológica, incidiendo en aspectos racionales y emocionales, abordando los procesos establecidos con ese colectivo radical y enfrentando las propias creencias y valores.

Hay que educar en intentar entender al otro, su planteamiento, su posicionamiento, su sentir. Señalar que las certidumbres, las creencias, son mucho más interesantes entre interrogantes.

Desarrollar la importancia de la tertulia, del debate, evitará las ideas obsesivas, los pensamientos que se rumian y el odio que se transmite desde la red.

22
Sexualidad adelantada

La sexualidad adelantada en adolescentes está generando mucha preocupación y debate entre padres, educadores, y profesionales de la salud.

Es cada vez más visible que se está acortando la infancia y la adolescencia llega de manera prematura. Según Carrasco (2019), Jefe de la Unidad de Personalidad del Hospital Clínico San Carlos, este hecho supone que las primeras atracciones sexuales empiezan ahora a producirse a los nueve años en los hombres y a los 10 en las mujeres. Y un año y medio después, aproximadamente, esa atracción se transforma en el primer deseo sexual: a los 11 años en los varones y a los 12 en las féminas.

Algunos estudios realizados (Sociedad Española de Contracepción, 2020) confirman que la edad de inicio de las relaciones sexuales tiende a producirse antes, en torno a los 15 años. Entre los motivos de este adelanto, aparte de la curiosidad innata de los adolescentes, encontramos la presión del grupo de amigos y las parejas. Para ellos es muy importante todo lo relacionado con la autoestima, sus valores, sus decisiones, su asertividad. Esto conlleva a que muchos chicos y chicas, empiecen a mantener relaciones sexuales sin estar preparados para ello.

Carrasco (2019) opina que a "esa edad no se han desarrollado aún los mecanismos de la personalidad para la formación de vínculos sentimentales consistentes". Y añade que, en esas edades, "los sistemas psicobiológicos que posibilitan la integridad de la identidad personal no han madurado, ni tampoco aquellos que dotan de las capacidades para una empatía profunda con los sentimientos del otro".

Incide en que “la sexualidad contiene aspectos de dominación y de posesión que si no están bien integrados y encauzados dan lugar a fenómenos de este tipo”. Es por esto por lo que, en su opinión, las relaciones sexuales en estas edades tempranas “rara vez dan lugar a relaciones sentimentales perdurables y acaban por lo general en relaciones de hostilidad y de abuso entre los implicados”.

Pero también hay que tener en cuenta el contexto hipersexualizado en la que están envueltos hoy en día estos adolescentes, donde son constantes los mensajes directos e indirectos en las redes sociales, los medios de comunicación y de entretenimiento (TV, series, música…), donde los ideales románticos aún se dan y se fomentan, donde existen múltiples estímulos y elementos eróticos (solo hay que ver la publicidad de colonias) señala Fernández Batalla (2022), desde el Colegio Oficial de Enfermería de Madrid (CODEM).

Hipersexualidad

La hipersexualización se basa en definir el canon de belleza en función del deseo sexual que este despierta. O, lo que es lo mismo, reconocer el valor de una persona según el deseo sexual que produce en los demás. En el caso de los niños, se define como la sexualización de las expresiones, posturas o códigos de vestimenta considerados demasiado precoces (Fiter, 2024).

Observamos a niñas y niños que asumen patrones y valores que no corresponden con su edad, que recalca una prioridad sexual por encima de cualquier otro valor y que muchas veces los lleva a la búsqueda de un aspecto físico o cuerpo imposible. La hipersexualización se ha extendido a gran velocidad en nuestra sociedad y condena a nuestros niños y, sobre todo, a nuestras niñas, haciendo que nos centremos únicamente en aquellos aspectos más superficiales (Fiter, 2024).

Esta conducta puede afectar seriamente tanto a nivel individual como social, ya que la identidad personal y la autoestima se fundamentan en la imagen y la apariencia de la persona, por lo que los menores aprenden a valorarse por su atractivo físico, sobre todo marcado por las modas y los medios de comunicación, lo que a veces no corresponde con la realidad.

Esta percepción equivocada puede aumentar la fragilidad y vulnerabilidad, disminuyendo la autoestima en estos niños. Además, pueden experimentar altos niveles de frustración al no alcanzar el ideal social.

Debemos poner nuestro foco de atención en las consecuencias de reforzar estereotipos de género sexista que pueden desembocar en violencia de género, desigualdad, trastornos de la conducta alimentaria, depresión o ansiedad.

No olvidemos tampoco las conductas sexuales prematuras, que pueden generar una visión distorsionada y violenta de la sexualidad. Será importante establecer un control parental sobre los contenidos que ven nuestros hijos en las redes sociales, películas, series, programas de TV, juegos... no apropiados para su edad.

Conductas sexuales de riesgo

Desde la Asociación Española de Pediatría nos alertan de que la incidencia de las infecciones de transmisión sexual (ITS) sigue una tendencia ascendente en los adolescentes, sobre todo entre los 15 y 19 años. Por ejemplo, el VIH afecta al 11%, sin conseguirse ningún descenso. Las ITS más frecuentes en adolescentes son la clamidia y el gonococo.

Los adolescentes y jóvenes tienen que cuidarse si deciden tener relaciones sexuales, y para ello existen múltiples métodos para prevenir enfermedades de transmisión sexual, entre los cuales sin duda el más confiable y recomendado es el preservativo.

Para este y otros temas, los adolescentes requieren asesoramiento tanto de parte de sus familiares como de su escuela, que si no tienen información confiable pueden consultar con especialistas.

Estas conductas no solo provocan un aumento de las ITS, sino también embarazos no deseados, abusos y frustración en las relaciones.

Según la OMS (2024), cada año, unos 21 millones de chicas de entre 15 y 19 años se quedan embarazadas en las regiones en desarrollo y aproximadamente 12 millones de ellas dan a luz. A escala mundial, la tasa de nacimientos en la adolescencia ha disminuido a 41,3 nacimientos por cada 1.000 mujeres en 2023.

Mejorar el acceso a la información y a los servicios de anticoncepción puede reducir el número de jóvenes que quedan embarazadas y dan a luz a una edad temprana. También sería beneficioso implementar leyes que prohíbieran el matrimonio antes de los 18 años.

Las jóvenes que se quedan embarazadas deben tener acceso a atención prenatal de calidad. Cuando la ley lo permita, aquellas que decidan interrumpir su embarazo deben poder acceder a un aborto seguro.

Con el objetivo de prevenir embarazos adolescentes, se estableció como meta reducir el número de jóvenes que quedan embarazadas a una edad temprana, dentro de la Estrategia Mundial para la Salud de la Mujer, el Niño y el Adolescente. Esta estrategia incluye la realización de campañas de información, prevención y concienciación entre los adolescentes, para que conozcan su cuerpo y sepan cómo cuidarlo.

Consumo de pornografía

Seis de cada diez jóvenes entre 16 y 29 años (el 62,5%) consumen pornografía según un estudio de FAD (2023), siendo que el 45,8% admite que ve demasiada y que no puede dejar de verla ni reducirla. La mayoría de los casos son chicos.

Para el 35% de los jóvenes, el consumo de pornografía tiene un impacto negativo en aspectos importantes de su vida, como el rendimiento académico o laboral y el sueño.

Por otro lado, el informe señala que, en general, la pornografía tiene una influencia considerablemente positiva en algunos aspectos de la sexualidad de los jóvenes.

Preguntados por el tipo de porno que más ven, el más popular es el “porno duro” (violencia física y verbal), también creen que fomenta la violencia sexual y discrimina a las mujeres.

Por último, el 60% consideran que el porno no es fiel al sexo real y el 44% opina que no es útil como educación sexual.

El uso de la pornografía a una edad tan temprana viene favorecido por la facilidad de acceso al contenido, por la asequibilidad del material pornográfico y porque pueden acceder de forma anónima. Consideremos también la edad temprana en que los niños tienen acceso a dispositivos digitales con los que acceden a internet.

La «nueva pornografía» online de consumo masivo (*mainstream*) está diseñada para hombres heterosexuales que siguen una masculinidad autoritaria y desigual, a los que sirve como forma de socialización; en ella, las mujeres son convertidas en objetos sexuales, llegando incluso a recoger escenas en las que en ocasiones son víctimas de la violencia y convertidas en objeto sexual, y las personas LGTBI no encuentran en esta pornografía una referencia, o se exponen al «fetichismo» (Save the Children, 2020).

La población adolescente accede a esta pornografía por primera vez a través de sus amistades o accidentalmente, pero posteriormente la vuelve a buscar de manera intencional para resolver dudas, y continúa viéndola para satisfacer su deseo sexual, con unas expectativas que suelen cumplirse (Save the Children, 2020).

El deseo sexual adolescente se va construyendo sobre unos cimientos irreales, violentos y desiguales y se ha comprobado que cuando la intentan imitar no siempre solicitan un consentimiento previo en sus prácticas, igual que ocurre en la pornografía (Save the Children, 2020).

Sexting y *grooming*

El *online grooming* de menores es el proceso por el cual un adulto trata de manipular a un menor para conseguir material sexual (como fotos o vídeos) o para mantener algún tipo de relación sexual en persona con este (Gámez-Guadix, Calvete, 2018).

Constituye, por tanto, una forma de abuso sexual de menores. El adulto puede ser una persona que el menor ha conocido a través de Internet o un conocido del entorno del menor que desarrolla el abuso a través de las TIC (Gámez-Guadix, Calvete, 2018).

Es un proceso complejo y gradual, que se produce paulatinamente a través de un conjunto de pasos que pueden incluir el engaño, la implicación afectiva del menor, la sexualización progresiva de las conversaciones, el uso de regalos y las agresiones explícitas (Gámez-Guadix, Calvete, 2018).

El término *sexting* hace referencia a la creación y el envío de fotos, videos o mensajes sexuales sobre uno mismo a través de las TIC. Estos contenidos pueden enviarse a parejas, amigos o amigas, personas con las que se mantiene un flirteo sexual o amoroso o usuarios que se conocen solo a través de Internet. En muchos casos, los adolescentes participan en *sexting* para "coquetear" con otros adolescentes. Otros adolescentes practican el *sexting* dentro de una relación de pareja en la que el envío de imágenes o contenidos sexuales suele ser recíproco (Gámez-Guadix, Calvete, 2018).

El *sexting* representa un problema cuando expone a los menores a diferentes riesgos, derivados principalmente de un mal uso por parte de otros de los contenidos sexuales que son enviados. Estos riesgos están íntimamente relacionados con la facilidad para trasmitir fotos o videos de una persona a otra en Internet, la ilimitada permanencia de este material en la red y el hecho de que cualquiera pueda acceder a esos contenidos en el futuro (Gámez-Guadix, Calvete, 2018).

Lo esencial es que, como adultos, asumamos que cualquier adolescente puede llegar a plantearse enviar imágenes, vídeos o mensajes con connotación sexual a su pareja o a otra persona. Tenemos que plantear la prevención desde la información previa, con argumentos críticos y razonables como la facilidad de perder el control sobre la imagen o el vídeo, la posibilidad de perder el móvil, que lo roben o incluso la duración de la relación con la persona a la que se le ha enviado la imagen.

El objetivo es que sean los propios jóvenes los que tomen la decisión de no producir, enviar, difundir y almacenar este tipo de contenidos.

A nivel familiar, lo ideal es comenzar a trabajar estas temáticas desde edades tempranas, fomentando la capacidad crítica, la autoestima, el respeto por uno mismo y los valores sobre los que cimentar una relación saludable.

Educación afectivo-sexual integral (ESI)

La educación afectivo-sexual integral es una urgencia. Según el psiquiatra José Luis Pedreira (2024), la ausencia de contenidos educativos sobre el fenómeno sexual humano ha dejado un espacio abierto para que se introduzca la pornografía, incluso en edades tempranas. La necesidad de la ESI se ve acrecentada en los últimos años con el uso y abuso de las TIC, donde la vida de los adolescentes se ha visto profundamente alterada e influenciada por imágenes y contenidos que distorsionan lo que es y representa la sexualidad humana. La ESI es un instrumento fundamental para el crecimiento personal y la adquisición de los conceptos básicos sobre la sexualidad humana, cuya ausencia origina que las ideas, las actitudes y el lenguaje no sean los adecuados.

Comprende conceptos y desarrollos sobre relaciones interpersonales sanas, respeto a la intimidad, prevención de los abusos, cuidado corporal, diversidad de identidades… y en todos estos aspectos incluir el contenido afectivo-emocional, además del autoconocimiento (corporal, genital, fisiológico).

Para vivir la sexualidad íntegra de manera satisfactoria y saludable es necesario aunar las fuerzas para que la población en general, pero específicamente la más joven, sepa integrar sus componentes biológicos, sociales y psicológicos (Andreu-Casas et al, 2023).

Se debe visibilizar la investigación en estas edades, e incluso más tempranas, y dar voz a sus experiencias y formas de vivir el mundo afectivo-sexual, para que puedan adaptarse los programas preventivos con vista en el conocimiento, salud y bienestar sexual (Andreu-Casas et al, 2023).

23
Suicidio

Habitualmente, el suicidio en la adolescencia no es en sí un proceso psicopatológico, sino una conducta voluntaria y con plena conciencia del sujeto. La cifra de suicidios registrada en España en 2023 es de 4.227 personas. Es la primera causa de muerte entre jóvenes de 15 a 29 años.

Según UNICEF, casi 1.200 niños y adolescentes de 10 a 19 años se quitan la vida cada año, es decir, se calcula que se pierden tres vidas al día por suicidio en Europa.

Es muy preocupante el aumento de suicidios que se está produciendo en las personas más jóvenes. Entre los 15 y los 19 años, 75 en 2022 (44 chicos y 21 chicas), el 41,5 % más que en 2021 (INE, 2022).

Reducir la pérdida de vidas por suicidio se ha convertido en un objetivo fundamental de la salud mental internacional.

Este aumento en los últimos años podría interpretarse como un deterioro de su salud. Su mayor frecuencia se da en adolescentes mayores. Este dato tiene su explicación en que la prevalencia de psicopatologías (depresión) y abuso de sustancias es más alta a partir de los 16 años.

En cuanto a los factores de riesgo asociados con la conducta suicida, ocupan un lugar central la presencia de depresión o de síntomas depresivos, la ideación suicida y los intentos de suicidio. Asimismo, se encontraron en adolescentes otros factores de riesgo, como el déficit de habilidades de resolución de problemas, la exposición a la violencia en casa, en la calle, el colegio y la televisión o variables psicológicas tales como la baja autoestima (Val y Míguez, 2021).

El suicidio no se elige, sucede cuando el dolor que sentimos es mayor que nuestros recursos para afrontarlo. Es un síntoma, el último de una existencia que se percibe infeliz. Tiene su propia historia, no es un impulso, se trata de una decisión generalmente sopesada, desechada y retomada.

Detrás de todo suicidio hay un dolor emocional intenso. Más del 90 por ciento de los suicidios tienen su causa en algún trastorno emocional o en algún problema psiquiátrico. Destaca el sentimiento de soledad, de desesperanza.

Los desencadenantes de la tentativa de suicidio o del suicidio consumado son los siguientes:

- a nivel clínico, el consumo abusivo de alcohol o de drogas, la ludopatía, la aparición de una depresión o de un brote psicótico. La anorexia, sobre todo en mujeres, en fase avanzada también conlleva mucho riesgo. Suele haber una comorbilidad con la depresión;
- a nivel ambiental, un entorno familiar y social deteriorado, un desengaño amoroso (las tormentas emocionales son más intensas a estas edades), una orientación e identidad sexual no asumida, el fracaso escolar reiterado y el acoso o ciberacoso;
- y a nivel psicológico, la presencia de algunas características de personalidad, como impulsividad, baja autoestima, inestabilidad emocional o dependencia emocional extrema.

Hay sitios en internet que apoyan el suicidio. Internet facilita que las personas con desórdenes emocionales se pongan en contacto, lo cual puede provocar hechos lamentables.

También se puede interpretar el suicidio como una salida, una forma de solucionar las dificultades.

La conducta suicida se puede manifestar de diferentes maneras. A un nivel conductual, la conducta suicida puede mostrar diferentes caras: el suicidio consumado, el suicidio frustrado, las tentativas de suicidio o parasuicidios y los equivalentes suicidas.

Entre las señales que pudieran anteceder a un acto suicida podemos encontrarnos:

- Retraimiento de los miembros familiares, de los amigos o de actividades habituales.
- Cambios inopinados en el dormir y en el comer.
- Pérdida de interés por los aspectos atractivos de la vida.
- Huida del hogar.
- Comportamiento disocial y ocasionalmente violento.
- Consumo de alcohol y otras drogas.
- Abandono de su cuidado personal.
- Cambios no solo conductuales, sino de su personalidad.
- Dificultad para concentrarse.
- Dolores: de estómago, de cabeza...
- Fatiga.
- Poca tolerancia a los elogios.
- Ironía acida: "No les seguiré siendo un problema".
- Mostrar pensamientos inusitados y extraños (síntomas psicóticos).
- Escribir notas relativas al posible suicidio.

El intento de suicidio debe considerarse como muestra de una alteración y signo de una necesaria y urgente ayuda psicológica.

Se insiste en que, cuanto más limitemos el acceso de los niños y de los adolescentes a sustancias tóxicas, armas de fuego, vías de trenes, puentes, etc., más suicidios serán evitados (Picazo, 2017).

Educar para prevenir el suicidio

Habremos de elaborar unos protocolos de qué cambios conductuales, qué frases, qué silencios nos pueden poner en la pista de un intento autolítico, porque, generalmente, quien va a suicidarse emite algunos avisos previos.

La prevención de estas dramáticas conductas pasa por la salud mental, fortaleciendo el bienestar psicológico de los niños, desarrollando sus competencias personales, de autoestima/valía/eficacia, con capacidad para aceptar frustraciones y obtener equilibradamente y con calma lo mejor que este mundo puede ofrecer.

Es importante remarcar el papel positivo de las familias y personas allegadas como agentes terapéuticos en la rehabilitación y prevención de las recaídas. También trasmitir amor, vínculo, apego. La vivencia bidireccional de amor genera un optimismo ante la vida y una capacidad de afrontamiento que a lo largo de la existencia resultará vital. Y, junto a ello, hay que propiciar la capacidad autocritica para no elevarse tanto que se quiebre en cualquier caída, conocer las propias limitaciones y vulnerabilidades nos hace más fuertes.

Y qué importante es enseñar a relativizar, a no dar más importancia a lo que no lo tiene, a hablar las cosas en su justo punto, a no focalizarse en los problemas, a poseer pensamientos alternativos, a saber, en un momento dado, sobrevolar una situación tensa, estresante o dolorosa.

Cuando se produce un intento de suicidio es necesaria la implicación de toda la familia, no hay que hacer de ello un secreto, pero tampoco trivializar el problema para que quede anulado. Hay que vivir sin olvidarlo, sin estar en cada momento recordándolo. Aceptar al adolescente, construir puentes de comunicación hacia él y ayudarle a encontrarse consigo mismo.

Las conductas imitativas encuentran un caldo de cultivo en YouTube, en Facebook, X, etc., así como en los blogs personales.

Los padres pueden ayudar a prevenir el suicidio con una buena comunicación con sus hijos, demostrándoles su amor, su apoyo en la vida, tienen que ser un ejemplo de saber tolerar las frustraciones, de evitar las comparaciones, enseñándoles a afrontar y resolver los problemas.

Los colegios deberían ser el lugar para detectar estos problemas de muchos niños. Es imprescindible que en ellos se hable de depresión, autoestima, ansiedad o soledad. Y para eso debe haber un cambio en la educación para atender a los menores más allá de lo académico, enseñando también a gestionar sus emociones, a aceptarse, a respetarse y a quererse.

Es esencial formar adecuadamente al profesorado. Manejar una serie de conocimientos y de herramientas útiles para detectar factores de riesgo de suicidio puede ayudar a salvar una vida.

Consejos preventivos en el ámbito escolar: desarrollar campañas de sensibilizaciones contra el acoso escolar, fomentar la comunicación profesor-alumno, proporcionar información para que busque ayuda en una situación desesperada, crear una red de apoyo…

En las asociaciones de familiares de personas con enfermedad mental existen servicios de apoyo a las familias, como el Programa de escuela de familias y los grupos de ayuda mutua.

En los niños y los adolescentes encontramos las mismas reacciones que en los adultos, aunque en ocasiones lo muestren de maneras diferentes. Suele ser habitual que el niño se comporte de manera ambivalente: algunas veces no deja de preguntar por la persona que ha muerto y otras no menciona para nada su muerte, como si no hubiese ocurrido nada o como si esa persona no hubiese existido.

Los pediatras están viendo muchos casos y están muy preocupados. Se están dando cuenta de que los problemas no son tanto físicos como psicológicos. Hay que apoyar a los pediatras, que son los que están con los niños, porque a veces no sabemos lo que ocurre en sus casas: malos tratos, abusos, educación absolutamente equivocada... hay que contar con más medios en los colegios en cuanto a orientadores, psicólogos, etcétera.

Tenemos que llegar a soluciones, estudiar lo que está pasando en los últimos años, porque esto es un síntoma de que algo falla en la sociedad. Es muy importante trasladar a los niños que los queremos, que van a ser muy importantes para otros, que pueden estar pasándolo mal, pero que mañana serán grandes profesionales. Es importante que ellos sepan que son esenciales para los demás y no solo para ellos mismos.

Las administraciones están poniendo medios ahora. Ya han creado la figura del Psiquiatra Infantojuvenil, por lo que el Gobierno lo ha hecho bien. Ahora tiene que crear la figura del Psicólogo Clínico Infantojuvenil, que sería una medida fundamental.

La forma y el contenido de las noticias sobre suicidio en los medios de comunicación también puede ejercer un efecto preventivo. No tratar las noticias de suicidios de forma sensacionalista, evitar dar detalles, que la información sea responsable y ética, que no aparezcan fotos del fallecido ni información sobre el método utilizado…

No olvidemos los teléfonos de emergencia contra el suicidio, como el 024, el Teléfono de la Esperanza y el Teléfono contra el suicidio de la Asociación de La Barandilla (tlf. 911 385 385).

El duelo

En cuanto al duelo que sufren los niños por una pérdida por suicidio, hay que darles la noticia lo antes posible, intentado evitar que se enteren por terceros de una manera poco idónea. Hay que hablar de manera clara, los niños captan fácilmente las discrepancias entre el lenguaje verbal y el no verbal, ante lo cual pueden imaginarse cosas mucho peores que las reales. Hay que dejarles que pregunten lo que necesiten y facilitarles lo que quizás no se atrevan a preguntar. Hay que compartir los sentimientos con los niños y facilitárselo también a ellos. (Montés, Jiménez, Jiménez, 2019).

En el entorno escolar, silenciar el hecho es un error. La consternación por lo sucedido conlleva la necesidad de hablar de ello. De alguna manera, ayudar a los alumnos a expresar los sentimientos es el primer paso para elaborar el duelo de manera sana. (Guía para la prevención de la conducta suicida. Comunidad de Madrid. 2016).

El suicidio exige ser persona para realizar un acto consciente contra la propia vida. Pareciera una decisión, pero no siempre es ni cognitiva ni volitivamente ajustada. De la mano de la desesperanza y la depresión, de la incapacidad para afrontar tanto sufrimiento, hay quien rehúye la vida que tanto dolor le genera.

El suicidio no es un tema más. Es el tema. Y cuando quien lo comete es un joven, un adolescente, un niño, la vida se ensombrece para quienes le querían, para quienes le acompañaban, para quienes creían haberle protegido.

Pero recuerden, padres, abuelos, amigos, que el ser humano tiene decisión y conductas personales, que no todo se puede prevenir o educar.

Dejé escrito en la Academia de Psicología de España que el ser humano, y ya desde niño, cuenta con la posibilidad de quitarse la vida, y todos sus congéneres de intentar evitarlo.

24
Trastornos de la conducta alimentaria

Desde la fase oral y para subsistir, el bebe necesita de un pecho, un biberón, una leche, y en ese vínculo con la madre se genera una relación singular, próxima, que a veces colapsa desde la negación del alimento o, por el contrario, desde una ingesta masiva.

Sí, los trastornos de alimentación nos enseñan que la persona vivencia su cuerpo con malestar, y un acto que puede ser placentero se convierte en algo metabólico con lo que chantajear y chantajearse.

Se trataría de entender desde el primer día la alimentación como algo natural, sin hacer de ello un tema central, único, recurrente.

La preocupación por el cuerpo y por el peso puede llegar a convertirse en una obsesión por adelgazar cada vez a más temprana edad, sobre los 11-12 años.

Los trastornos de la conducta alimentaria (TCA) son un grupo de afecciones en las cuales las creencias negativas sobre la comida, la forma del cuerpo y el peso corporal, se acompañan de conductas que incluyen restricción de la ingesta, atracones, realización excesiva de ejercicio, provocación del vómito y uso de laxantes. Estas afecciones pueden llegar a ser graves al conducir a múltiples complicaciones físicas y psiquiátricas, además de tener impacto en la calidad de vida e incluso en la mortalidad (Arija-Val et al., 2022).

En conjunto representan la tercera enfermedad de larga evolución o crónica más frecuente entre la población de pacientes adolescentes.

En la clasificación DSM-V, los TCA mejor caracterizados son la anorexia nerviosa (AN), la bulimia nerviosa (BN) y el trastorno por atracón (TA), considerados como los tres TCA típicos.

Pueden afectar a personas de todas las edades, géneros, orientaciones sexuales, etnias y geografías. Los adolescentes y adultos jóvenes, especialmente del género femenino, están particularmente en riesgo, ya que la AN comienza antes que la BN o el TA. La edad de inicio de la AN parece estar disminuyendo. Los grupos de riesgo lo son por edad (adolescencia), género (mujeres) o por la participación en actividades de ocio o profesionales (gimnastas, atletas, modelos, bailarines, patinadores, deportistas de élite) (Ruiz Lázaro, P.M., 2022).

Por su parte, la jefa de psiquiatría del Hospital del Niño Jesús, M del Mar Faya, señala que la mayoría de los casos están unidos a otra comorbilidad psiquiátrica: trastorno depresivo, trastorno de ansiedad o trastorno obsesivo compulsivo.

En los TCA intervienen diferentes causas de origen biológico, psicológico, familiar y sociocultural, y provocan consecuencias para la salud tanto física como mental. Las complicaciones médicas incluyen pérdida de grasa corporal o de masa muscular, alteración del funcionamiento del tiroides, arritmias, hipotensión, dolor abdominal, estreñimiento, amenorrea, lanugo, edema, acné, piel seca, disminución de leucocitos, osteoporosis, erosión esofágica y gástrica, disfunción intestinal, erosión del esmalte dental, caries, caída de piezas dentales, crisis epilépticas, neuropatías, fatiga y debilidad, etc. (Asociación TCA Aragón).

La posibilidad de contar con un diagnóstico certero que considere los diversos signos y conductas que presentan las personas que padecen este tipo de trastornos, posibilitaría la optimización del recurso humano y, fundamentalmente, identificar precozmente a aquellas personas que se encuentren en un punto de riesgo, facilitando la labor preventiva y de tratamiento y favoreciendo un mejor pronóstico (Gorski, 2020, Campos de Aldana et al., 2023).

Anorexia nerviosa (AN)

Según el DSM-V, la anorexia nerviosa (AN) se caracteriza por la restricción de la ingesta energética en relación con las necesidades, que conduce a un peso corporal significativamente bajo con relación a la edad, el sexo, el curso del desarrollo y la salud física. Peso significativamente bajo se define como un peso que es inferior al mínimo normal o, en niños y adolescentes, inferior al mínimo esperado. Tienen una imagen corporal distorsionada y un gran miedo a ganar peso o engordar, incluso teniendo un peso excesivamente bajo. Afecta principalmente a niñas adolescentes y mujeres jóvenes.

Puede ser de tipo restrictivo (la pérdida de peso es debida sobre todo a la dieta, el ayuno y/o el ejercicio excesivo), o de tipo purgativo (vómito autoprovocado o utilización incorrecta de laxantes, diuréticos o enemas).

Se considera una enfermedad multifactorial en la que se dan condicionantes individuales, familiares y culturales (sexo, edad, baja autoestima, insatisfacción con la imagen corporal, características familiares, presión social y cultural por la delgadez); biológicos (genéticos, de regulación de la conducta alimentaria); y otros como la práctica de actividad física, padecer determinadas enfermedades crónicas metabólicas y digestivas o la realización de dietas para la pérdida de peso sin control (Campos de Aldana et al., 2023).

Entre las señales que deben alertarnos como padres de que nuestros hijos pueden estar sufriendo este tipo de trastornos nos encontramos:

- Vómitos
- Uso de laxantes y diuréticos
- Amenorrea
- Cambio en el peso
- Insatisfacción con el propio cuerpo tras la ingesta de comida
- Disminución de la alimentación
- Rituales en la comida (hace trozos pequeños, tarda mucho en comer)
- Actividad física exagerada
- Miedo a ganar peso
- Alteración de la percepción del peso y la silueta corporal

Bulimia nerviosa

Son episodios recurrentes de atracones (ingestión de una cantidad de alimentos superior a lo que la persona come normalmente, con sensación de falta de control sobre lo que se ingiere), según nos señala el DSM-V, con posteriores comportamientos compensatorios inapropiados recurrentes para evitar el aumento de peso, como el vómito provocado, el uso incorrecto de laxantes, el ayuno o la practica excesiva de ejercicios.

También afecta más a las adolescentes o mujeres jóvenes. Y, al igual que en la AN, influyen diversos factores familiares, culturales, biológicos.

Los afectados muestran una preocupación intensa y persistente por la silueta y el peso. Suelen padecer de alternancia de diarrea y estreñimiento, pérdida del esmalte o piezas dentarias (por la acción del ácido clorhídrico de los vómitos) y fases depresivas.

Trastorno por atracón

Entendemos por este trastorno episodios recurrentes de atracones, donde se come mucho y más rápidamente de lo normal, hasta sentirse desagradablemente lleno, se comen grandes cantidades de alimentos incluso cuando no se tiene hambre, para posteriormente sentirse a disgusto con uno mismo, a la vez que avergonzado o deprimido. Su frecuencia habitual es de al menos una vez por semana durante tres meses (DSM-V).

La diferencia que tiene con la bulimia es que no se presenta un comportamiento compensatorio posterior.

Prevención

El tratamiento de los trastornos de conducta alimentaria debe ser temprano e intenso, e incluye sesiones de terapia familiar, medicación antidepresiva y el ajuste de los hábitos alimenticios.

Se han identificado casos de jóvenes que buscan programas de adelgazamiento en internet. Estos programas no necesariamente son creados por profesionales de la salud como nutricionistas, endocrinos, dietistas o médicos, y en ocasiones son elaborados por personas que también tienen problemas alimenticios. Por lo tanto, no consideran muchos aspectos importantes para la salud física y mental, y se enfocan solo en la apariencia física.

Esto puede llevar a trastornos de la conducta alimentaria y a ofrecer consejos para ocultar síntomas. Existen dietas absurdas y páginas web dedicadas a promover estos trastornos (Pro-Ana y Pro-Mia). A partir de estas páginas los usuarios forman grupos de WhatsApp, que son aún más peligrosos debido a la dificultad para controlarlos.

Como padres, es importante supervisar los hábitos alimenticios de nuestros hijos. Las restricciones y las dietas pueden causar fatiga mental y física, así como frustraciones que podrían conducir a trastornos alimentarios como la anorexia o la bulimia. Es preferible prevenir estos problemas en lugar de tratarlos. Debemos enseñarles desde pequeños a tener una buena relación con la comida y cuidar su estabilidad emocional.

Preparar comidas equilibradas en casa y fomentar la actividad física contribuye a que se sientan mejor. Si se detecta algún problema, es fundamental acudir a un especialista, ya que puede ser necesario un tratamiento psicológico e incluso una intervención médica, aunque el paciente no esté de acuerdo.

25
Violencia de género

La Ley Orgánica 1/2004, de 28 de diciembre, en su artículo 1.1., define la violencia de género como aquella que "como manifestación de la discriminación, la situación de desigualdad y las relaciones de poder de los hombres sobre las mujeres, se ejerce sobre estas por parte de quienes sean o hayan sido sus cónyuges o de quienes estén o hayan estado ligados a ellas por relaciones similares de afectividad, aun sin convivencia", y "comprende todo acto de violencia física y psicológica, incluidas las agresiones a la libertad sexual, las amenazas, las coacciones o la privación arbitraria de libertad".

La violencia de género tiene aspectos diferenciales marcadamente relevantes. Se trata de un proceso que empieza limitando las relaciones, y la violencia aumenta gradualmente.

Se distribuye por todos los países y culturas, siendo por tanto una característica profundamente humana. La violencia de género es estructural, sus raíces están extendidas por todo el mundo, desde una concepción del poder del varón patriarcal.

Es instrumental, busca imponer, dominar. Muy alejada de la producida por un trastorno mental transitorio, es un proceso que, cual tela de araña, atrapa sin ser conscientes de ello.

Nace de una equivoca educación a la niña para el tú, para el otro, y, por contra para sí mismo en el caso del niño. El diagnóstico es certero, ahora hay que prevenir e intervenir con medidas claras, factibles, especificas, verificables.

Desde 2003 hasta julio de 2024 se han asesinado en España a 1.265 mujeres. Víctimas del machismo, más del 40% de las mujeres no denuncian porque no dan importancia a la violencia sufrida (Macroencuesta Violencia Contra la Mujer, 2019).

El teléfono 016, de atención a las víctimas de violencia de género, ha recibido 1.287.923 llamadas desde su puesta en marcha. Una de cada 3 mujeres ha sufrido violencia de género o violencia física alguna vez en su vida. En el mundo, más de 700 millones de mujeres.

La violencia de género ha dejado en España 447 menores huérfanos entre 2013 y 2024. En la última década, 62 menores fueron asesinados por sus padres, algunos durante el régimen de visitas.

Las causas de la violencia de género son la combinación de factores socioculturales, individuales y contextuales, que se sustentan en una forma de educación sexista, una visión androcéntrica de la sociedad y una tradición cultural patriarcal.

La relación que se establece no es de sujeto a sujeto, sino de sujeto a objeto. El agresor de género suele ser un dictador que impone (o que quiere imponer) su voluntad. Hay varones que desean imponerse a sus mujeres y tenerlas subordinadas.

Se compone de actos de violencia, ya sea psicológica, física o sexual, y se manifiesta en los planos emocional, sexual, interpersonal, familiar, laboral, económico, cultural y social.

Nuestros jóvenes están convencidos de que la violencia de género es un grave problema, pero de adultos. La mayoría de las adolescentes víctimas de violencia de género sufren acoso a través del teléfono móvil y las redes sociales. Las nuevas tecnologías permiten una supervisión continuada que en muchas ocasiones es confundida por la víctima con un gesto de amor, de preocupación, y no es consciente de que está sufriendo violencia de género. Añadamos a lo antedicho la peligrosa moda de compartir la intimidad, también en la red.

No son pocos los jóvenes que confunden el acoso con preocupación e interés, que entienden el amor como necesariamente bidireccional, es decir, si yo quiero a alguien, ese alguien me tiene que querer. O aún más, si yo daría la vida por alguien ese alguien debe corresponderme, o de otra forma su vida no tiene valor.

También nos encontramos con jóvenes que están en gran medida confundiendo amor con sexo, relaciones de contacto con afecto. Y se muestran muy celosos, muy posesivos, muy vigilantes. Se confunde el amor con el querer, inclusive el amar con su antónimo: poseer.

Un alto porcentaje de los jóvenes de hoy conciben los celos como una prueba inequívoca de amor, cuando en realidad es amor propio. Tenemos que gritar a los cuatro vientos que los celos jamás están presentes en el amor, pues no son parte del amor, sino esclavos de la posesión. Resulta reseñable la alta frecuencia de la violencia psicológica y la dificultad de la víctima para identificar el chantaje, el control del tiempo, del dinero, de las relaciones, de las formas de vestir. Debemos erradicar en algunas mujeres la idealización y fantasía de que ciertas conductas impuestas por hombres violentos son expresión de sentimiento amoroso.

En vez de educar en el tú, se propicia un peligroso narcisismo. Digamos lo que digamos, anteponemos “mi yo”. No estamos preparando a los actuales jóvenes para la ruptura ni para asumir el “no” del otro. Sigue primando la propia imagen, la incapacidad de aceptar la frustración, el temor al qué dirán (sobre todo “si me dejan”).

La idea del amor romántico subyace en expresiones como: “él cambiará”, “algún día todo será distinto y seremos una pareja feliz”.

Claro que cualquier separación es un fracaso, quiebra una expectativa, rompe un proyecto. Aún más si el que te deja es el otro. No es lo mismo dejar que ser dejado.

Repercusión de la violencia de género en los hijos

En la violencia de género no hay solo una víctima. Están también los hijos. Sin lugar a duda, son víctimas de violencia de género por estar expuestos a ella.

La violencia doméstica dificulta a los niños el correcto desarrollo de sentimientos de confianza y seguridad. Quien vivencia en sus figuras de pertenencia la violencia de género, sin duda, es víctima. Es un maltrato al hijo, y no diría que indirecto, sino directo. Sufre el aprendizaje vicario en su propio hogar. Si bien, y esto es muy importante, no necesariamente heredará el ser agresor.

También podemos encontrarnos con una utilización bastarda de los hijos, donde se malmete, se inocula desconfianza, se habla mal del otro progenitor, se imposibilita el contacto con los abuelos…

El varón, en los procesos de separación, puede instalarse en el deseo de venganza, más si detecta o anticipa el alejamiento de los hijos, la pérdida del hogar, la quiebra de la calidad de vida por el pago de una pensión. El riesgo se incrementa si se percibe humillado (por engaño o abandono), hace culpable a su pareja y puede llegar a matar a los propios hijos, utilizándolos como víctimas instrumentales, sabedor de que la mujer no se recuperará jamás. Además, busca trasladar que lo acontecido es en última instancia responsabilidad de ella.

Otro aspecto relevante y trágico es la realidad de los niños huérfanos por causa de la muerte de la madre a manos del padre. Algo absolutamente devastador. El feminicidio no solamente acaba con la vida de la mujer, sino que arrasa con el sistema familiar y deja a los hijos expuestos ante una doble situación traumática: la muerte de su madre a manos de una figura referencial.

El dolor emocional en la infancia se expresa ocasionalmente en lo que luego se define como niños difíciles, antisociales, violentos. Estos patrones de comportamiento hunden sus raíces en la desregulación emocional que acontece cuando el vínculo y el apego quedan dañados. No podemos actuar solo sobre la sintomatología, sin apreciar las etiologías que a veces pasan desapercibidas.

Prevención y afrontamiento de la violencia de género

Solo se puede afrontar la violencia de género con visos de un cierto éxito desde una profunda educación ejercida en los distintos ámbitos.

Hay que educar desde todos los ámbitos en la capacidad de adaptación, de flexibilidad, de retomar, de reestructurar cognitiva y emocionalmente. Hay que trasmitir la importancia de la sonrisa, del humor, para relativizar, para priorizar, para reírse también de uno mismo. Mostrar que se puede y se debe anticipar que en la vida habrá momentos no solo dolorosos, sino de sufrimiento, de incomprensión, de deslealtad, y que a veces es mejor romper y hacerlo desde el civismo y el respeto que intentar doblegar una opción.

Los hijos que ven tratar mal a sus madres tienen muchas más probabilidades de reincidir en tan terrible conducta por aprendizaje vicario. Habrá de incorporarse la igualdad en la formación escolar y universitaria. Revertir la cultura machista que determina la realidad y define identidades. Es esa la causa de la violencia machista, y no otra. Impedir que se trasmita la cultura machista, esa es la misión, la inaplazable tarea. No gestionarla.

Hay que enseñar a descargar la rabia de forma no violenta, a aceptar la tristeza y el miedo sin temor al ridículo. Hay que educar en cómo afrontar la ruptura, en el autocontrol, en el autodominio, en redireccionar la frustración, la cólera.

Mucha de la violencia machista entre adolescentes se da en las redes sociales. Hay que educar a los niños para que preserven su intimidad en la red.

Los niños y jóvenes han de saber interiorizar que, pase lo que pase, nunca atacarán lo más profundo, lo más sensible de su pareja, que pase lo que pase nunca levantarán la mano, que pegarán un portazo, que se irán, que quizás no regresen, pero que nunca violentarán a su pareja.

Los huérfanos víctimas de violencia de género viven un dilatado proceso de duelo. Por un lado, son víctimas, huérfanos por violencia machista, pero por otro lado son hijos del homicida. Obviamente, tal dicotomía genera disociaciones que interfieren en el desarrollo emocional y educativo. Se precisan servicios psicológicos muy especializados de apoyo y seguimiento.

26
Violencia en la adolescencia

Esta sociedad está fabricando niños (no siempre menores, jóvenes o adolescentes) muy duros emocionalmente, niños que se nos disparan en "psicopatía", niños a los que la violencia les produce placer, niños que sienten y quieren vivenciar la violencia en estado puro.

Cada vez su edad es más corta, su extracción social más variable y además las niñas se van implicando en estas acciones que entendemos irracionales, que calificamos de gratuitas (porque buscamos una motivación no endogámica y cortocircuitada), que muy erróneamente adjetivamos de inhumanas. Cuando los medios de comunicación se enteran de un suceso lo magnifican, su eco (a veces) amplifica la gravedad. Sin embargo, los periodistas son conocedores de pocos de estos casos y publican y emiten aún menos. No somos conscientes de la puntual pero inaudita brutalidad infantil.

Podemos fabular con el componente angelical de todo niño, podemos utilizar mecanismos defensivos de negación, huir incluso de la veracidad histórica. Pero hay una violencia contra «los otros», los que «son distintos», una violencia distante, desproporcionada y espasmódica.

Y lo que es peor, hay una falta de responsabilización y de valoración de la gravedad de sus conductas. Si es una violación en grupo aducen que «no se quejaba, yo creo que le gustó, o fue un juego». Si un linchamiento, la respuesta es «se lo merecía, se lo había buscado» o «no le pegué, sólo fui a verlo».

¡Atención! Muchos padres, los más, argumentan, justifican a sus hijos, minimizan sus conductas, ejercen de erróneos abogados a ultranza.

En el año 2022, según el INE (Instituto Nacional de Estadística), fueron condenados con sentencia firme 14.026 menores, de 14 a 17 años. Se registraron 25.822 infracciones penales cometidas por menores. Pero cada día son más y más graves los actos violentos de adolescentes y niños. La delincuencia juvenil que se vive en España viene motivada en su mayoría por el consumo de sustancias tóxicas, básicamente.

También otro factor determinante es el crecimiento de familias desestructuradas, con escaso control sobre los jóvenes, cierto abandono de su educación y una alta incidencia del alcoholismo entre sus progenitores. Muchos de estos problemas se achacan a la crisis, pero quizá también haya que plantearse que la sociedad líquida ha venido para quedarse. (Valero-Matas, 2018).

Vemos niños sin respeto: «No admito órdenes de nadie», absolutamente amorales, hedonistas y nihilistas, en los que prima el principio de «primero yo y luego yo», que se muestran fríos, que han aprendido que la violencia física y verbal sirve, que con ella se consigue el objetivo, se tiene poder, «a mí me respetan», «cuando yo miro los demás bajan los ojos».

El odio puede ser genérico y con proyección de futuro «algún día el mundo sabrá de mí».

Cuando la dureza emocional se propaga y alcanza a los más pequeños, estamos ante una enfermedad social. Si valoramos el problema como de personas individuales y lo explicamos en ellas mismas, por sus características, genoma o configuración (el sustrato de las teorías lombrosianas sigue vigente), estaremos equivocando el diagnóstico y por tanto la posibilidad de tratamiento. No hay niños violentos por naturaleza, de ser así por mutaciones genéticas nacerían con armas. La violencia se aprende; una sociedad de adultos violentos conforma unos descendientes que también lo son.

Si alguien no ha sido amado ¿cómo va a amar? Si un niño crece entre maldad, obrará de adulto de forma criminal con total naturalidad.

Acertó Concepción Arenal al proclamar: «La sociedad paga muy caro el abandono en que deja a sus hijos, como todos los padres que no educan a los suyos». Es constatable en el día a día que, según se educa a los hijos hoy, mañana serán un premio o un castigo para padres y comunidad.

El fracaso en el aprendizaje prosocial hunde sus raíces en la incorrecta o nula enseñanza. Niños que cometen hechos deleznables no lo hacen por odio, sino por carencia de ajuste social, por estar huérfanos de valores, de criterios, por carecer de evolución moral. Hay niños famélicos que socialmente han padecido una dieta en la que se les ha suministrado el derecho a exigir, a dictar, a ser individualistas, a centrarse en sus intereses y se ha olvidado de administrarles el derecho a ser condescendientes y generosos, a saber esperar, a aceptar frustraciones y diferir gratificaciones, a ser tolerantes y solidarios, a pensar en los otros, en el prójimo.

Seamos conscientes de que educamos erróneamente para vivir en sociedad. Hay quien se posiciona desde el «dejar hacer» (considero que es el peor sistema); los hay que relatan «me salió así» (como si de espárragos se tratara); los que no conocen al hijo (cómo piensa, con quién pasa los fines de semana, qué le motiva, es más, no saben definirlo o decir una cosa positiva de él); los que nunca han practicado una escucha activa; los que jamás han dicho "no"; los que no saben hacerse respetar e impiden que se respete a profesores y otros ciudadanos; los que muestran una relación gélida y utilizan la palabra como florete y el mediador verbal como esgrima; los que quieren ver en sus hijos puras «esponjas de conocimiento» sin otros horizontes.

En gran medida educamos a nuestros niños en la violencia, contra los seres humanos, contra la naturaleza. Quemamos los bosques, contaminamos el aire, esquilmamos el mar, exterminamos otras tribus, otras ideas, otro sentir. La violencia que nos rodea puede llegar a insensibilizarnos.

Tengo clara la influencia del golpeo catódico de violencia en series de TV, dibujos animados y videojuegos, violencia gratuita, sin consecuencias, donde gana el que más mata, el guapo con el que el niño se identifica, revistas donde se mezcla sexo y violencia. Claro que se influye muy negativamente sobre los niños, claro que banalizan la violencia, la presión es muy fuerte y ejerce influencia perversa.

El que haya niños violentos es un mal que está en la sociedad. Y esta los teme, los rechaza y los condena.

Un futuro con menos violencia

Esta enfermedad de transmisión que es la violencia, cuyo abordaje terapéutico sería la higiene mental colectiva, encuentra reductos (núcleos familiares) donde no se propaga y ello gracias a una eficaz vacuna, cual es el tipo de educación y de interrelación que en la misma se practica.

Tenemos que ser valientes, de lo contrario nos crecerán los tiranos, y coherentes con unas metas que alcanzar, donde no prime un capitalismo depredador que ensalce la supremacía del yo, que no aúpe al cajón de los vencedores a los más psicopáticos (con formas y trato evolucionado y sofisticado, pero con fondo despiadado y profundamente narcisista), que no enseñe a usar y tirar, a dejar en la cuneta a los incapaces, a los no competitivos.

Quizás la ciencia del futuro, ya casi presente, nos demostrará que los adultos duros, psicópatas, tienen alteraciones en sus conexiones cerebrales, en sus neurotransmisores (que sintetizan menos serotonina y vasopresina) y concluiremos que esa es la causa de su obrar. No lo crean, la etiología es la educación (la nefasta educación), el entorno (injusto, inmisericorde, insensible). Estos hediondos aprendizajes conforman un comportamiento y quizás acaban dejando su mensaje purulento en la química del cerebro de esos niños, víctimas de una realidad que ha perturbado el rostro de un niño durmiendo, que es un mensaje de paz.

Hay que educar en los ideales, en la no violencia, en la apreciación de lo distinto, en la reflexión, en la utilización del mediador verbal como forma de resolver problemas. La educación es una corresponsabilidad de todos los ciudadanos y recordemos –pese a la obviedad– que se educa principalmente con el ejemplo.

El buen carácter del niño, sus actitudes positivas, su autocontrol, dependerán del clima favorable que se viva en el hogar, del correcto modelado, del equilibrado uso del control y la autonomía de las conductas de quien está aprendiendo el sentido de aceptar las consecuencias de sus actos, de ir formando conciencia de lo que está bien y lo que es inaceptable. Este núcleo ha de dotar a sus hijos de seguridad y cariño constante, haciéndoles sentir partícipes de una familia unida y funcionalmente correcta.

Tenemos que aprender a ser tolerantes, a dialogar, porque en el fondo nos molesta que nos contradigan y, si lo hacen repetidas veces, nos subleva. Hay que enseñar a ser dúctiles, a tener capacidad de autocrítica, a saber perdonar. Fomentar el tejido juvenil asociativo que promueva un ocio sano y enriquecedor. Recordemos que los jóvenes son gregarios en su tiempo libre. Se ha de inculcar la práctica deportiva, que permite competir aceptando normas.

Hemos de educar a los niños haciéndoles activamente críticos ante la avalancha de mensajes publicitarios, de programas, de videojuegos... donde la violencia se recrea en sí misma.

Denunciamos una realidad cotidiana; muchos jóvenes infractores son víctimas, pues han sido niños maltratados y serán adultos delincuentes. Por ende, estimamos que los menores, tanto en riesgo como en conflicto social, son sujetos de protección. Clamamos contra el posicionamiento fariseo que responsabiliza de sus conductas únicamente al joven cuando antes no se han adoptado medidas preventivas, y culpamos de manera genérica a las instituciones.

27
Violencia Filio-Parental

Nos encontramos en una sociedad excesivamente permisiva en la que, en aras de una libertad mal entendida que no quiere asumir responsabilidades, padres y educadores eluden imponer normas y límites.

Apreciamos niños caprichosos, sin límites, que dan órdenes a los padres, organizan la vida familiar y chantajean a todo aquel que intenta frenarlos. Quieren ser constantemente el centro de atención, son niños desobedientes y desafiantes que no aceptan la frustración. Es lo que se ha denominado "síndrome del emperador". Son niños con insensibilidad emocional, escasa responsabilidad ante un castigo y dificultades para desarrollar sentimientos de culpa, así como escaso apego hacia sus padres u otros miembros de la familia.

Es una exigencia infantil que ocasionalmente no encuentra confrontación, por lo que se cercena la necesaria aceptación de la frustración. La violencia filio-parental es un hecho constatable, muy problemático y mucho más habitual de lo imaginable para quienes no trabajan con su sórdida realidad.

Su inicio es insidioso, puede nacer del desprecio, del egoísmo, de la ingesta de alcohol u otras drogas y mostrar su fealdad desde el tono vejatorio, el gesto despectivo, la pérdida de respeto.

Pertenece al ámbito más íntimo y privado de las vidas de las personas que se ven afectadas por la misma, por lo que la detección, el estudio, el correcto dimensionamiento y la atención son y han sido enormemente dificultosas.

Si hay algo que no solo no debe, sino que no puede ser, es que el hogar se convierta en un infierno. Allí donde debe reinar el ambiente cálido y comprensivo no pueden imponerse los gritos, los insultos, los empujones, los malos modos o los golpes. Cuando un ser humano golpea a otro, algo se rompe para siempre, cuando acontece entre familiares la situación se hace irrespirable, pues se reincidirá, aumentará y se agravará la situación.

La violencia intencional percibida como injusta y padecida de forma cotidiana en lo que tendría que ser un hogar, genera al inicio perturbación, y posteriormente da paso a la indignación, la confrontación o la indefensión. Terror, una expresión dura pero real ante lo acontecido y lo por acontecer, una vivencia paralizante que se extiende, incapacitando para la denuncia, para la solicitud de ayuda.

Hay que alertar del riesgo de victimizar a las víctimas, lo que permite señalar un culpable y exorcizar miedos ante una psicopatología que también es social y que incluye la disipación de los límites entre lo que está bien y lo que está mal, la búsqueda del placer y la felicidad personal como prioridad vital (hedonismo), el materialismo, el consumismo, el derecho a exigir, a denunciar, el "todo vale" o "el cliente siempre tiene razón".

Antes de llegar a la agresión física, muchos padres soportan vejaciones, insultos, gritos, chantajes emocionales, amenazas. Algunos jóvenes emplean los métodos más retorcidos que se nos puedan ocurrir para hacer chantaje psicológico a unos padres fácilmente manipulables.

Hay que decir que los jóvenes agresores también sufren y ocasionalmente se deprimen y muestran una profunda angustia vital. Que exista abuso, imposición, no quiere decir que no se quiera querer, sino que se ha perdido el respeto. Estamos ante lo que podríamos denominar una patología del amor.

El origen de esta violencia es multicausal, influyen las características del menor, pero no menos las relacionales, ya sean familiares o ambientales.

No estamos hablando de una violencia de género, pero es constatable que el 70% de los agresores son varones y el 100% de las víctimas son mujeres (madres), mientras que padres varones lo son el 50%.

Nos encontramos con muchos padres indulgentes, educados, de clase media y alta, resulta significativo el número de ellos que se dedica a profesiones de cuidado y ayuda, como médicos. Se detecta un alto grado de sobreprotección, son permisivos, pero mayoritariamente no son patéticamente débiles, muchos son tiernos, simpáticos, amables, como nos confirman los hermanos de los hijos agresores.

Lo que en gran medida da respuestas a las conductas abusivas de estos jóvenes es que son comportamientos, adquiridos desde la más tierna edad, que les han permitido obtener sus demandas, convirtiéndose en reforzantes, hasta el punto de que, en ocasiones, la prioridad debe ser proteger a sus hermanos y a los progenitores.

La violencia que manifiestan los chicos suele ser física, mientras que las chicas dañan verbalmente. Reconozcamos que hay quien busca deliberadamente imponerse desde la violencia, no desea autocontrolarse, le va bien de esta forma, pues alcanza sus objetivos. Las autoagresiones, las fugas, el ir con gente de riesgo, adoptar ciertas conductas, se utiliza como chantaje para vencer resistencias.

Hay jóvenes que demandan medidas drásticas de distanciamiento de los padres, ya no caben en el hogar técnicas de "tiempo fuera", de tareas extra, de sanciones. Los hijos "fuera de control" son un riesgo para sí mismos.

Detectamos que hay resentimientos, resquemores que hunden sus raíces en la impotencia, la incomprensión. También sentimientos erróneos de derechos personales, de superioridad, distorsión de perspectivas, de verdades objetivables, son pasto para el abuso y la violencia. Además, hay quien incentiva su propia ira, su deseo de venganza, de dañar lo más sensible, profundo, vulnerable.

Algunos jóvenes han sufrido acoso escolar en el colegio. En estos casos, la VFP se explica desde la necesidad del menor de resarcirse de las humillaciones y el dolor que experimenta en la escuela, es una compensación por los sentimientos de debilidad e ira surgidos en sus conflictos con iguales y lo descargan todo en quien saben que no les va a devolver la violencia.

También apreciamos que un porcentaje de agresores son adoptados, y presentan características que les son propias, como problemas de vinculación (por exceso y por defecto), una mayor dificultad en el logro de identidad al preguntarse por sus familias de origen, una sensación de culpabilidad al atribuir tanto los padres como ellos a factores genéticos sus problemas conductuales, sentimiento de soledad, miedo al abandono (en algún caso continuo), padres que manifiestan sentirse defraudados en su proceso de paternidad.

También podemos confirmar que el uso y abuso de sustancias en los adolescentes que ejercen la VFP no desempeña un papel causal de la misma, aunque esté muy presente en muchos de los conflictos que se generan en el entorno familiar, principalmente debidos a la obtención de dinero, al consumo en sí mismo o a querer salir del hogar para tomar drogas.

En general, los jóvenes que agreden a sus padres tienen una capacidad cognitiva correcta, si bien no son reconocidos por sus iguales. Hay jóvenes que se saben y se sienten "en la frontera", los denominados límites o *borderline*, que a veces manifiestan furia interna por sentirse desubicados e incomprendidos.

Hay hijos que, por sus características, queriendo o sin querer "chantajean" a los padres. Por ejemplo, niños adoptados; niños afectados de diabetes; niños nacidos "in vitro"; niños que han sobrevivido a enfermedades muy graves; niños que han intentado suicidarse…

Ratificamos que el peregrinaje desde corta edad por consultas y profesionales es agotador, devastador. Apreciamos depresión y angustia en padres e hijos antes de reconducir las conductas, lo que agrava las perspectivas, más aún si ha habido amenazas o intentos de suicidio por parte del hijo.

Y es que la mayoría de estos dictadores, pequeños y ya crecidos, no deben adscribirse a lo que llamamos enfermedad mental. Algunos son violentos solo en el hogar, mientras que otros son también matones en el colegio y en la calle.

Vemos padres que no son adultos, no desean asumir sus responsabilidades –señalar que no son pocos los padres varones que han desubicado su papel–. La ausencia de un progenitor no es problema (si es por fallecimiento), sí lo es si se trata de una separación conflictiva.

Observamos que las madres que cuidan solas de hijos adolescentes suelen ser más propensas a ser víctimas de violencia filio-parental.

Pese a realizar conductas disociales, la mayoría de estos chicos y chicas no manifiestan una personalidad antisocial.

Su absentismo escolar es alto, si bien cuando se les instala el hábito de estudio muestran buena capacidad.

Prevención

Trabajemos en el presente para, sin modificar el pasado, maquillarlo, recomponiendo las vivencias conflictivas componiendo una psicohistoria relacional que nos permita construir un futuro basado en el respeto, el cariño y el esquivo pero certero amor.

Apreciamos padres involucrados, afectuosos, si bien confusos en la interpretación de lo que son las relaciones democráticas, con los que hay que vencer el sentimiento de culpa y aislamiento. Es a partir de la superación de miedos, de interpretaciones equívocas de hijos y de padres, del cambio de actitudes y posicionamientos, que podrán modificarse en positivo los comportamientos individuales y relacionales. Y es posible.

Labremos la cancelación voluntaria de la vívida y subjetiva deuda, desde la generosidad, la empatía.

Propiciemos el presentar disculpas, el mostrar arrepentimiento, colaboremos en el proceso para cicatrizar heridas individuales y relacionales.

Proyectemos luz hacia el porvenir de quienes hoy hijos serán padres y de aquellos que, hoy padres, serán abuelos.

Coadyuvemos a la superación, no a un amnésico olvido, sino a un enterramiento activo, caminando al compás de proyectos ilusionantes y compartidos.

Facilitemos el olvido de lo que se ha olvidado, cercenemos el rencor, el engorde de la amargura, el lanzamiento de la culpabilidad como pedrada.

Potenciemos la alegría por vivir, por vivir con, abortemos el odio, el resentimiento que solo conducen al autodesprecio, la depresión y la insatisfacción.

Estamos hablando de padres e hijos en conflicto, de conductas que desgarran la convivencia, la expectativa, la visión de la alteridad, del otro a quien quiero querer pero me siento dolorosamente rechazado, que me hace daño, que me posiciona como víctima.

No puede haber mañana sin reconciliación, sin reparación, sin esfuerzo. Somos sabedores de que el estado de víctima debe ser transitorio, que los profesionales hemos de luchar para que ese estado no se instaure como rol crónico.

Aquí no hay cabida para la negociación, sino para la reparación, la instauración de la justicia relacional. Resulta imprescindible el reconocimiento del daño consciente o inconsciente infligido.

Llegará el día en que los componentes de una misma unidad familiar crean vagamente recordar, pero no nítidamente revivir desencuentros tan traumáticos.

Contamos con “el otro” para reiniciar el camino, para afianzar los hábitos, las formas, las interpretaciones, para consolidar la esperanza en el porvenir. Perdonar, perdonarse, dejarse perdonar, es parte del proceso, largo, complejo, interaccional, con los actores principales y con quienes los rodean y sufren.

Aquellos a los que nos designan como expertos habremos de trabajar con la vergüenza; la culpa; el odio; los miedos, pero también con la regurgitación de los recuerdos parásitos sobre la tiranía de experiencias grabadas a fuego que ponen en duda la rehabilitación, que interfieren en el campo de la conciencia, pero sobre todo en el de los sentimientos que dejaron un pesado lastre.

Enseñemos a reconstruir, a representar el pasado. La memoria es necesaria, pero no lo es menos el olvido. No propugnamos distorsionar lo acontecido, pero sí reelaborarlo, reinterpretarlo, en lo posible olvidarlo, pero no por su contenido evocador y amenazador, sino por convicción racional, emocional.

Comprobado, hay esperanza. Hay esperanza si enseñamos a sentir y decir gracias; si variamos actitudes; si rompemos la eterna deuda emocional; si reequilibramos el cuerpo social donde antes muchos padres eran autoritarios, mientras que ahora son autoritarios muchos hijos; si intervenimos con prontitud, criterio y sin miedo ante las faltas de respeto y los desafíos; si partimos de que ser víctima o victimario es un estado pasajero, no un carácter inalterable y crónico; si los profesionales apoyamos, empoderamos, exigimos y aún retamos; si trasladamos a los padres la convicción de que ellos también tienen derechos; si preguntamos a los jóvenes: ¿Cómo educaréis a vuestros hijos?

Esta denominada patología del amor, este tsunami relacional, demanda una mayor implicación de los Organismos de salud mental y no solo de Justicia.

28
Adolescentes: algunos consejos

- Intenta no juzgarlo, pide su opinión, sin fiscalizar, interésate por cómo se siente, mostremos la visión adulta y el amor incondicional y en lo posible evitemos el enfrentamiento.
- Desde el respeto mutuo trabajemos el pensamiento razonado, busquemos hábitos en el hogar y horarios previsibles, pues los adolescentes precisan marcos contenedores, una estructura de seguridad, siendo que reglas y rutinas la favorecen.
- Valoremos y prioricemos lo esencial sobre lo superfluo. No generemos expectativas que luego resulten inviables. Las normas y las sanciones se cumplen. Sí o sí.
- Supervisemos el adecuado y necesario descanso, fomentemos el ejercicio físico, facilitemos y promovamos la correcta alimentación.
- Seamos congruentes, coherentes y previsibles. No presionemos constantemente y sin descanso. Exijamos en lo fundamental, y seamos flexibles en aspectos no tan relevantes (por ejemplo, la decoración de la habitación).
- Cuidemos el esencial ejemplo, no sobreprotejamos, no eduquemos desde el miedo.
- Dejémosles reflexionar, preguntémosles sobre lo que a ellos les interesa, compartamos nuestros problemas de adultos, establezcamos un espacio de conversación bidireccional.
- Respetemos su espacio íntimo, busquemos que se sientan a gusto en el presente.

- Cuando elogiemos y reforcemos, que sea basado en aspectos específicos, las sanciones han de ser efectivas, cuidando de forma anticipada los posibles "daños colaterales".
- Ayudémosles en su hoja de ruta, fomentemos sus preferencias, sus talentos y capacidades.
- Como padres, dominemos las ansiedades, eduquemos en la serenidad, enseñemos a regular su comportamiento, a retardar las recompensas, a observarse a sí mismo.
- Enseñemos a comunicar con su propia mente, a conocer los propios sentimientos, a ser conscientes.
- No los incapacitemos, no los hipertrofiemos, no busquemos ser sus guardaespaldas.
- Dejemos que se muestren sinceros, fluidos, no cortemos la comunicación.
- Recordemos que educar es dejar ir, que los hemos de preparar para el camino, no el camino para los hijos.
- Los adolescentes no están indefensos ante sí mismos, atraviesan una etapa importante, no temible.
- Fortalezcamos su resiliencia, que asuman la frustración, que manejen la impotencia, la rabia.
- Eduquemos en la vivencia de los otros, la preocupación empática, la compasión.
- Desde el autocontrol de los padres, no confundamos en los hijos la autoestima con el narcisismo. Junto a la adquisición de la autonomía, dotémosles de valores morales, cívicos, y enseñémosles a trabajar la propia subjetividad desde la empatía.
- Las expectativas de los progenitores conviene que sean razonables, anticipando que no todos los adolescentes son clónicos. Padres accesibles, pero no confundidos con amigos, además se trata de estar disponibles, no de programar charlas.

- Los adultos hemos de desarrollar la capacidad para detectar problemas, hablemos con nuestros adolescentes basados en hechos, no en temores, reforcemos la conducta disciplinada y, cuando nos cuenten sus preocupaciones, agradezcámosles su confianza.
- Anticipemos que la exploración es parte fundamental de la adolescencia, que tienen ideas, pero carecen de experiencia, que exploran distintas identidades, que pueden mostrarse muy incongruentes, que consideran que son la única persona en el mundo que está en su situación. Además, piensan en quiénes son y en quiénes les gustarían ser. Todo ello conduce a una inconsistencia en su comportamiento y a cambios de humor imprevisibles, también para ellos.
- A los adolescentes les importa la relevancia, ser relevantes, necesitan elogio y reconocimiento, han de captar que sus padres rechazan algunos de sus comportamientos pero que, en todo caso, los quieren.
- En general son radicales, extremos, carecen del término medio, de la prudencia, sufren miedos y temores, les influye sobremanera el "qué dirán" (su grupo de iguales).
- La realización de actividades compartidas ayuda a la comunicación (practicar deporte; lavar el coche; cocinar...).
- Se sienten extremadamente interpelados. En principio, y dado que son muy influenciables, viven con ideas ajenas, por lo que hay que incitarles a que piensen por sí mismos.
- Su mente se debate entre razón y emoción, entre euforia y abatimiento, atraviesan una tormenta de estrógenos y progesterona las chicas, y de testosterona los chicos, pero siempre ha habido adolescentes competentes.
- Nuestros hijos nos necesitan más que nunca como fuente de referencia, arbitremos horarios lógicos en el hogar y planes para los fines de semana, como la visita a los abuelos, la comida en familia...
- Necesitan afirmarse. Molestan, pero no buscan dañarnos. A veces se muestran insoportables, pero nos quieren. Ocasionalmente se muestran adormecidos y a veces hiperactivos.

- Aprendamos también de nuestros hijos, transmitamos ilusión por la vida, por nuestra vida. Hagámosles saber que los hijos son importantísimos, pero no la razón de nuestra vida (no les carguemos con esa mochila emocional).
- Reforcemos las conductas que se acercan a lo deseable, no utilicemos expresiones que van directas a la yugular, pensemos juntos alternativas, pues no estamos en dos trincheras. Repito, no nos hagamos el mayor daño posible, lo dicho no tiene retorno.
- El adolescente se ve en los ojos de los otros, también en los nuestros, ¿qué ve?, ¿cariño; impotencia; rabia; envidia; comprensión; intolerancia?
- El 80% de los adolescentes dicen estar a gusto con la vida. Hemos de sentarnos cara a cara, para converger en lo mucho que nos une, en lo mucho que nos queremos, y recordar que la distancia más corta es la sonrisa franca.
- La prevención se llama correcta educación, pues bien, antes de formar a los hijos, los adultos hemos de mantener un diálogo interno: ¿pensamos lo que sentimos? ¿sentimos lo que pensamos? Ayudemos a los hijos a forjar buenos sentimientos, a dirigir la mente, a dominar las emociones.
- Fortalezcamos a nuestros hijos, a nuestros alumnos, para convivir consigo mismos, con los demás. Para afrontar la vida, no pidiéndole más de lo que la vida puede dar. Para ser agradecidos, para enfrentar el sufrimiento, para sentirse concernidos. Para alcanzar, de verdad, la autonomía.
- Hay que enseñarles la diferencia entre lo que demandan y lo que precisan, ayudarles a descubrir sus puntos fuertes, darles oportunidades de hacerlo bien, que participen en tareas útiles para toda la familia.
- No les resolvamos los problemas, enseñémosles a resolverlos. Eduquemos en el respeto a la autoridad, en el cumplimiento de la ley, en la necesaria aceptación de los límites, en la conformación de la autorregulación, sin por ello desdeñar el espíritu crítico.

- Cultivemos el equilibrio emocional y rebajemos la equívoca admiración por uno mismo. Hemos de erradicar el narcisismo y enseñar a dialogar, a debatir, a discutir.
- Los padres, por serlo, son inicialmente la referencia, la piedra de bóveda, es desde la familia que se ha de aportar encuadre y estructura.
- Dadas sus dudas identitarias, son especialmente vulnerables, y mientras los adultos buscan aconsejar, normalizar, los adolescentes se quejan de no ser escuchados.
- Los adultos vemos con fascinación y rechazo ese tiempo de transición que se balancea entre la euforia y la apatía y que cuestiona a los padres, más ahora que la socialización de los adolescentes es más compleja, pues parte de su identidad es digital.
- Mostrémosles confianza, pidámosles un favor, retirémonos cuando no nos necesitan, recordando que hay momentos donde quieren relacionarse con sus pares, no tanto con sus padres.
- Cuando todavía no son capaces de regular bien sus emociones, han de ser aceptados por sus compañeros, aceptados por ellos mismos, han de estudiar, elegir su futuro, tomar decisiones sobre la sexualidad, los consumos…
- El adolescente quiere explorar, pero no tiene mapa, ni brújula.
- Los adultos hemos de contener nuestra frustración ante el distanciamiento de los hijos, expliquémosles que deseamos comunicarnos con ellos. La clave está en escucharlos con interés. Hablemos de sus aficiones, de sus motivaciones, permanezcamos presentes, validemos sus sentimientos, compartamos preocupaciones, vicisitudes. Tomémoslos en serio, y que nos perciban sinceros.

Anexos

Anexo I: Desilusión juvenil

Un reto ante nosotros es esencial, de otra forma el deseo vital mengua hasta desaparecer. La humanidad no es consciente de un grave problema y por eso no lo afronta: la desilusión juvenil, que se incentiva con el desempleo, la precariedad de ingresos económicos, las expectativas de familia cercenadas.

Lo anteriormente diagnosticado y hecho público, cursa con pensamientos negativos, procrastinación, opción por el aislamiento, dificultad para expresar lo que sienten, disminución de la libido, retraimiento social, pérdida de ánimo, alejamiento de la motivación para perseguir los objetivos.

Sin oportunidades es difícil tener ilusión, el panorama para los jóvenes es en no pocos casos desolador.

Ser joven en la actualidad y estar desprovistos de propósito vital se ha convertido en la norma estadística, en la real y desesperanzada verdad.

Apatía, desinterés, retraimiento, sin aspiraciones, jóvenes sin pálpito. Jóvenes cualificados, preparados para un futuro en el que no creen, angustiados por una sensación de vacío, que buscan exprimir el hoy dada la falta de objetivos. Muchos de ellos estudiando el Grado, los Máster, sin tiempo ni espacio para clarificar su identidad.

Muchos jóvenes padecen una encubierta ansiedad crónica, que drena su energía. No son felices, nada les satisface, muchos encuentros con amigos les son impuestos por el grupo, por la necesidad de pertenencia, pero en su fuero interno lo consideran una patética pérdida de tiempo, pues no les aporta una gratificación real.

Se dejan llevar, pero sin encontrar significado en casi nada de lo que hacen. Las relaciones sociales no les aportan un verdadero sentido, la sumativa de tanta desilusión conduce a que las generaciones futuras no creen en su futuro, y sienten soledad y vacío.

La desmotivación, la desgana, la dejación, la sensación de estancamiento vital, se acompaña de agotamiento inespecífico, melancolía y encubiertos síntomas depresivos.

La incertidumbre cronificada junto a una falta real de autonomía personal, en una sociedad sin anclajes estables de relación ni objetivos, genera un inevitable desgaste emocional que dificulta la correcta toma de decisiones, quiebra la capacidad de concentración, de anticipación, de afrontamiento de estresores.

Se instala el desaliento, una desesperanza existencial, un cuestionamiento del ¿para qué vivir?

No sobreprotejamos a nuestros niños, fortalezcamos su carácter, transmitamos desde todos los ángulos y actividades lo enseñado por Ortega y Gasset "La vida nos es dada, pero no nos es dada hecha; la vida es quehacer".

Hay que invitar a los más pequeños a ser protagonistas de su crecimiento personal cada día de su vida, para no perderse en el existir dentro de sí mismos. Para entender la unicidad e importancia en y con el otro, para sentirse concernidos, responsables, libres, obligados a escoger, a resolver dilemas.

Elegir el propio ser, no cabe la evasión, sino la vocación, el compromiso, entender que tan importante como el yo es el tú, que el resto de los congéneres esperan de su talento, esfuerzo, creatividad, una generosa entrega que dé continuidad a lo heredado de los que nos antecedieron, que se proyecte en los que nos continuarán.

La voluntad de sentido exige cooperar, saberse ciudadano, superar el individualismo, el empobrecedor egoísmo. Consolidar el sentido de la existencia demanda una transcendencia personal, un anticipar la última pregunta: ¿para quién he vivido?

Una vida sin arraigo social es una vida sin sentido, el riesgo de la excesiva individualización, la separación radical de grupos de pertenencia, de actividades comunes y, siguiendo a Durkheim, está en la base del vacío existencial.

La sociedad occidental contemporánea, con su cultura secular, donde se aplaude el aquí y el ahora y se idolatra al cliente en una búsqueda permanente de una efímera felicidad consumista, zarandea al individuo que, como nos explica Giddens, no encuentra asidero existencial.

Esta es una sociedad en gran porcentaje inculta, que empobrece su lenguaje y por tanto su capacidad de pensar y reflexionar, que pareciera abomina de lo bello, del equilibrio, de la serenidad, del silencio, de la contemplación, de la humilde pertenencia a la Naturaleza.

El buen sentido del humor, el optimismo, es por muchos acusado de buenismo, entendido como negativo, pareciera que la bondad está de sobra.

Jóvenes y menos jóvenes hemos de elevarnos sobre la existencia cotidiana, contar con un proyecto vital, aun cuando debamos ir adaptando los proyectos, para dar un sentido y desdecir a Camus, a Sartre.

Vivir el hoy proyectados en el mañana desde una psicohistoria personal incardinada en el respeto y el agradecimiento intergeneracional, exige intentar conocernos en nuestros valores e intereses, cuidar la vida íntima y dar coherencia al pensar, al sentir, al hacer. Crear vínculos con otras personas, ayudar, sentirse implicado desde la fraternidad. Volcarse en actividades que son siempre una oportunidad. Aborrecer el victimismo, interpretar lo que significa sobreponerse.

Claro que es necesaria la capacidad crítica y la expresión de esta, como lo es apoyarse en un clínico de la salud mental si se precisan instrumentos para no abismarse.

El representante de la psicología humanista existencial, Víctor E. Frankl, define el sentido de la vida como lo que da significado y ayuda a encontrar un soporte interno a la existencia. Motivo, razón, que nos orienta y nos guía, que nos impulsa para ser de una manera, para intentar lograr algo que desde la humildad nos parezca relevante para este vivir que a veces es injusto, ocasionalmente duro, doloroso, y siempre debe ser y trasmitirse como apasionante, por irrepetible.

Javier Urra

Académico de Número de la Academia de Psicología de España

Anexo II: TRauma. Test de resistencia al trauma

El test TRauma es un sencillo, breve, útil y fiable instrumento psicológico a disposición de cualquier ciudadano que desee conocer su capacidad de afrontamiento ante los graves acontecimientos con los que seguro la vida le golpeará. No evita el dolor, ni el sufrimiento, pero le indicará cómo y en qué fortalecerse para resistir, minimizar daños y secuelas. Para recuperarse y no quebrar.

TRauma nace con un propósito claro: ser útil. Pretende medir las vacunas cognitivas y los antídotos emocionales que tiene el ser humano, ya que somos sabedores de que las emociones provienen de lo que pensamos. Creemos que podemos navegar a barlovento, de cara al viento encrespado, aprovechando a nuestro favor fuerzas que parece que están en nuestra contra. Precisamos saber quiénes somos y a dónde queremos ir.

Partimos de que el paciente no es culpable de nada, en ningún momento se le acusa de debilidad psicológica, repudiamos con todas nuestras fuerzas a quienes convierten la enfermedad o la tragedia en una metáfora injusta o insidiosa contra la moral de quien la padece. Intentamos humildemente, sabedores de no alcanzar el vasto objetivo, dirimir qué factores promueven la salud mental y previenen su vulnerabilidad ante circunstancias realmente adversas.

Posicionamiento optimista

Debe asumirse como una exigencia ética. Esta creencia marcará lo que sentimos y lo que hacemos. Y si la vida queda en un momento destrozada, abordará el viaje heroico sin esperar a que los demás le rescaten, considerando los dilemas y las desgracias como específicos, temporales y de causa exógena.

Los acontecimientos traumáticos no pueden ser olvidados, pero sí reelaborados, conformando la psicohistoria de la persona, aportando unas nuevas vivencias que le fortalecen ante el devenir.

Compartamos que el sufrimiento aceptado tiene un sentido, que aporta crecimiento interior, que capacita para afrontar otra posible situación difícil.

No se lucha porque se es fuerte. Se es fuerte porque se lucha.

Los que se adaptan bien no esperan que los demás los rescaten, establecen objetivos, buscan un significado y diseñan estrategias de afrontamiento.

Mantener viva la motivación. Saber que se puede (el antídoto contra el fatalismo y la indefensión).

Hemos de transmitir a todo el que tenga que enfrentarse a una adversidad un proyecto de vida, una razón de ser, de estar en el mundo, un objetivo que cumplir, una ilusión.

El amor incondicional de tantas personas maravillosas es la razón, el motivo y el sostén de muchas recuperaciones que son angustiosas.

Hay que conectar con nuestro interior. Resignificar lo que nos ha sucedido. Compartir el dolor con los familiares y amigos que son capaces de aguantar la transferencia de tanta angustia. Contar con el testimonio de otras personas que han pasado por la misma experiencia y conocen el proceso, los cambios que conllevan.

Tras la experiencia traumática, suele producirse una modificación de la escala de valores, promoviendo conductas de ayuda motivadas por sentimientos de empatía y compasión hacia el sufrimiento de otras personas.

Una definición posible de la resiliencia es "...la capacidad humana para enfrentar, sobreponerse y salir fortalecido o transformado por experiencias de adversidad".

Vivir no es una enfermedad. Y sufrir tampoco.

Los traumas no permiten la reversibilidad, exigen un proceso para encajar el golpe y poder organizar un relato que dé sentido a la tragedia con la intención de evitar cualquier pensamiento que se apoye en el determinismo.

Convivimos con el dolor, el sufrimiento, el fracaso, hemos de activar un sistema "inmunopsicológico" equilibrado, basado en una correcta autoestima para afrontar la situación, pero con capacidad crítica para, desde la distancia óptima, intervenir y movilizarse. No posicionarse de forma paranoica "Los otros, el mundo está contra mí", ni derrotista depresiva "Soy un fracasado, nunca saldré del pozo".

Apreciamos una distancia abismal entre distintas personas en la forma de afrontar situaciones traumáticas. Unos se hunden, otros sobreviven, otros crecen, recogen y aúpan su vida en sus propios brazos.

Sabemos, pero aun así debemos aprender a interiorizarlo, que todo en la vida es transitorio y temporal.

Somos conscientes de que el tiempo no lo cura todo, es por ello que en ocasiones hay que reinventar la vida, llenarla de nuevo de sentido. Nada es para siempre.

Los cuestionarios FPSA y NCSA (en los que se basa el test) se han utilizado por el psicólogo chileno Gino Suppa Vallejo para obtener el doctorado de la Universidad de Palermo, Buenos Aires, Argentina, desarrollando desde la clínica su tesis sobre las características personales positivas de las personas que lograron sobreponerse al terremoto (grado 8,8 escala de Richter) del 27 de febrero de 2010 que asoló importantes regiones de Chile.

Este Test es deudor de la Tesis Doctoral que el autor, Javier Urra, llevó a cabo en la Escuela Universitaria de Enfermería, de la Universidad Complutense de Madrid.

La Tesis lleva por título “Fortalezas para superar los socavones de la vida” y fue dirigida por el Dr. Jesús Sánchez Martos, catedrático de Educación para la Salud.

Aparecen diferencias estadísticamente significativas en función del grupo en las escalas de Inteligencia emocional, Optimismo, Aceptación, Congruencia y en la Puntuación Total.

Es importante resaltar que en estas cinco escalas en las que se detectaron diferencias significativas fue el grupo de sujetos afectados el que obtuvo las puntuaciones más elevadas.

TRauma es un instrumento que puede ser autoaplicable.

La utilización de TRauma está claramente relacionada con la experiencia, los conocimientos y las competencias del profesional psicólogo.

Si se encuentra por debajo de 80, deberá fortalecer su carácter y resistencia ante los golpes de la vida. La intensidad deberá aumentar progresivamente tal y como se va acercando al percentil 21, pues existe una clara posibilidad de mejora. Esta labor deberá desarrollarla individualmente, junto a sus seres queridos y ocasionalmente con un buen psicoterapeuta.

Si su puntuación total le sitúa en un percentil de 20 o, aún peor, por debajo de esta cifra, póngase inmediatamente en manos de un experto. Su situación es de grave riesgo.

Una vez obtenido el percentil donde se sitúa en cada uno de los factores, deberá trabajar en incidir más obviamente en los más deficitarios. Al respecto señalamos:

1. *Inteligencia Emocional* + *Control interno.*

- Creer en sí mismo/a.
- Visualizar claramente lo que se desea.
- Dejar aflorar las emociones.
- Buscar escribir el destino.
- Manejar las emociones.
- Ser capaz de pasar a la acción.
- Afrontar los propios miedos.
- Compartir sentimientos.
- Posicionarse como un aprendiz.
- Racionalizar los pensamientos.
- Mayor autoconocimiento.
- Capacidad para llevar una vida disciplinada y ordenada.

2. *Valores, principios, ética.*

- Realizar actos buenos.
- Tener humildad.
- Amar el conocimiento.
- Agradecer todo, porque todo pasa por algo.
- Transmitir confianza.

- Ser una persona comprometida con los principios de justicia e igualdad.
- Ser capaz de mostrarse como una persona íntegra.
- Tener la capacidad de saber perdonar.
- Tener coraje.
- Potenciar un espíritu de esfuerzo y sacrificio.

3. Optimismo + Esperanza + Sentido del humor.

- *Mirar hacia el futuro.*
- *Compartir la felicidad.*
- *Tener esperanza en la vida.*
- *Mirar el lado positivo de las cosas.*
- *Proponerse vivir.*
- *Mirar a la vida con sentido del humor.*
- *Placer en hacer sonreír a los demás.*
- *Quedarse con lo bueno.*
- *Disfrutar de lo que la vida le aporta.*
- *No tirar la toalla (no desfallecer).*
- *Pensar en las cosas buenas de la vida.*
- *Orientarse solo a lo positivo.*

4. Habilidades sociales + Relaciones sociales.

- *Tener compromiso con los demás.*
- *Tener interés por los demás.*
- *Capacidad para rodearse de personas que le cuiden y le hagan sentir bien.*
- *Ser una persona sociable.*
- *Participar activamente en los grupos.*
- *Aceptar amor de los demás.*
- *Tener ilusión por la felicidad de los demás.*

- *Percibir lo que sienten los demás.*
- *Apreciar que todo el mundo tiene algo que decir. Sentir amor, solidaridad y comprensión hacia los que nos rodean.*

5. *Aceptación + Adaptación.*

- Mostrar tolerancia ante las situaciones de la vida.
- Asumir los propios límites.
- Tener sentimientos de responsabilidad, no de culpabilidad.
- Vivir el presente.
- Tener los pies en la tierra.
- Capacidad para mostrar aceptación personal.
- Ser capaz de olvidar.
- Acceder a grupos de autoayuda.

6. *Congruencia.*

- *Alcanzar los objetivos (pese a las dificultades).*
- *Tener madurez.*
- *Disfrutar del presente.*
- *Luchar contra las situaciones adversas.*
- *Valorar los pros y los contras.*
- *Ser una persona prudente.*
- *Valorar a largo plazo las consecuencias de las propias conductas.*
- *Saber afrontar los problemas.*

Índice temático

Índice de autores

Bibliografía

adolescenciapositiva.com. (2023). *Adolescentes impulsivos.* https://adolescenciapositiva.com/impulsividad-adolescente-problema-salud-mental/

Agencia Gallega para la Gestión del Conocimiento en Salud (ACIS), Unidad de Asesoramiento Científico-técnico, avalia-t, & Ministerio de Sanidad. (2022). Evaluación y manejo clínico de las autolesiones en la adolescencia: protocolo basado en la evidencia.

Álava Reyes, M. J. (2021). *La falta de compromiso, un miedo cada vez más extendido.* https://psiquiatria.com/psicologia-general/la-falta-de-compromiso-un-miedo-cada-vez-mas-extendido

Andreu Casas, M., Ortas Barajas, F., García Barba, M., Ruiz Palomino, E., & Ballester Arnal, R. (2023). "Realidad afectivo-sexual en adolescentes: análisis de género sobre prácticas sexuales tempranas". *Revista INFAD De Psicología. International Journal of Developmental and Educational Psychology.*, *1*(1), 307–314.

APA (2011). *Sobre las personas trans, la identidad de género y la expresión de género.* https://www.apa.org/topics/lgbtq/brochure-personas-trans.pdf

American Psychological Association (APA). *Children, Families, and Poverty: SES Impacts on Child Development.* Recuperado de apa.org

American Psychological Association. (2020). *Stress in America 2020: A National Mental Health Crisis.* APA Report.

American Psychological Association (APA). (2023). *The Impact of Divorce on Children: A Psychological Perspective.* Recuperado de apa.org

American Psychological Association (APA). (2023). *The Impact of Divorce on Children: A Psychological Perspective*. Recuperado de apa.org

Apezteguía, F. (2024). *La soledad adolescente: los datos de una epidemia preocupante*. https://www.elcorreo.com/vivir/relaciones-humanas/soledad-adolescente-datos-epidemia-preocupante-20240513000833-ntrc.html

Arija-Val, V., Santi-Cano, M. J., Novalbos-Ruiz, J. P., Canals, J., & Rodríguez-Martín, A. (2022). "Caracterización, epidemiología y tendencias de los trastornos de la conducta alimentaria". *Nutrición Hospitalaria*, 39(spe2), 8-15.

Arrivillaga, C., Extremera, A. (2020). "Evaluación de la Inteligencia Emocional en la Infancia y la Adolescencia: Una Revisión Sistemática de Instrumentos en Castellano". *Revista Iberoamericana de Diagnóstico y Evaluación Psicológica*, vol. 2, núm. 55,

Asociación Americana de Psiquiatría. (2013). *Trastornos depresivos. En Manual diagnóstico y estadístico de los trastornos mentales* (5ª ed.). https://doi.org/10.1176/appi.books.9780890425596.dsm05

Asociación Española de Pediatría (2022). *Los pediatras alertan de que la incidencia de infecciones de transmisión sexual se ha duplicado entre los adolescentes mientras los recursos para abordar la salud sexual son cada vez más limitados*. Recuperado de https://www.aeped.es/sites/default/files/20220211_ndp_dia_europeo_salud_sexual.pdf

Asociación TCA Aragón. *Que es un Trastorno de la Conducta Alimentaria*. www.tca-aragon.org/que-es-un-tca/

Ayuda en Acción (2023). *Estudio prospectivo sobre Empleo y Juventud en España*.

Basantes, A. C. (2023). *La huella del maltrato infantil*. El País, https://elpais.com/sociedad/2023-09-06/la-huella-del-maltrato-infantil-mi-padre-me-decia-que-no-servia-para-nada.html.

Baudon, P., & Jachens, L. (2022). "A Scoping Review of Interventions for the Treatment of Eco-Anxiety". *International Journal of Environmental Research and Public Health*.

Beneitez, B. (2022). *¿Qué es el 'yo' en Psicología? las claves de cómo nos percibimos a nosotros mismos.* https://www.lavanguardia.com/vivo/psicologia/20220619/8351624/psicologia-yo-claves-como-nos-percibimos-nbs.html

Benítez, M. (2023). *¿Por qué nos cuesta tanto normalizar el duelo por una amistad rota?* https://www.eldiario.es/era/duelo-ruptura-amistad_1_10651861.html

BOE (2023). Ley 4/2023, de 28 de febrero, para la igualdad real y efectiva de las personas trans y para la garantía de los derechos de las personas LGTBI. https://www.boe.es/buscar/act.php?id=BOE-A-2023-5366

Boletín UNAM (2020). *Marcada ausencia de respeto hacia figuras de autoridad en jóvenes.* www.dgcs.unam.mx/boletin/bdboletin/2020_600.html

Camarero, A. (2019). *Hipersexualización: los adolescentes cada vez practican sexo antes.* Mamás & Papas. El País. https://elpais.com/elpais/2019/03/22/mamas_papas/1553267012_129944.html

Campos de Aldana, M. S., Solano Aguilar, S., Páez Esteban, A. N., Ortiz Rodríguez, S. P., Torres Contreras, C. C., & Casadiegos Patiño, L. F. (2023). "Riesgo de Trastornos de Conductas Alimentarias Asociados al Estado Nutricional de los Adolescentes". *Cultura de los Cuidados* (Edición digital), 27(65). Recuperado de http://dx.doi.org/10.14198/cuid.2023.65.24

Catalán Llanes, G. (2021). *El trastorno de ansiedad social en adolescentes desde una perspectiva cognitiva.* Fundación Universitaria del Área Andina.

CDC (2022). Child Abuse and Neglect Prevention. Centers for Disease Control and Prevention.

Clayton, S., Manning, C. M., Krygsman, K., & Speiser, M. (2017). "Mental Health and Our Changing Climate: Impacts, Implications, and Guidance". American Psychological Association, and ecoAmerica.

Crouch, A. (2017). *The Tech-Wise Family: Everyday Steps for Putting Technology in Its Proper Place.* Baker Books.

Child Mind Institute. (2023). *How Divorce Affects Children.* Recuperado de childmind.org

Child Welfare Information Gateway (2023). *Understanding and Preventing Child Abuse and Neglect*. U.S. Department of Health and Human Services.

Departamento de salud del Gobierno Vasco. *Adicciones comportamentales (sin sustancias)*.https://www.euskadi.eus/informacion/adicciones-comportamentales-sin-sustancia/web01-a3adicom/es/#1271

Duchak, Oksana. (2014). "Marginalization of Young People in Society". *International Letters of Social and Humanistic Sciences*. 29. 70-79. 10.18052/www.scipress.com/ILSHS.29.70.

EFE (2022). *Unicef alerta de que el 15% de los adolescentes muestra síntomas de depresión*. https://efe.com/salud/2022-10-10/unicef-espana-15-adolescentes-sintomas-depresion/.

EFE (2024). *Los expertos advierten de la proliferación juvenil de 'sectas digitales' tras la pandemia*. https://www.heraldo.es/noticias/nacional/2024/03/01/los-expertos-advierten-de-la-proliferacion-juvenil-de-sectas-digitales-tras-la-pandemia-1715560.html

eldiariodelaeducacion.com (2024). *La amistad, un pilar esencial en la vida de la adolescencia*. https://eldiariodelaeducacion.com/2024/05/23/la-amistad-un-pilar-esencial-en-la-vida-de-la-adolescencia/

Escobar, S. (2021). *Presión de grupo durante la adolescencia*. https://www.psiconetwork.com/presion-de-grupo-durante-la-adolescencia/

Etorkintza Elkartea (2015). *Generación sobreestimulada*. https://ardurati.info/generacion-sobreestimulada/

Europa Press (2024). Situación actual de los MENAS en España. Recuperado de europapress.es

FAD (2021). *¿Alguien sabe qué es la dopamina?* https://fad.es/planetajoven/alguien-sabe-que-es-la-dopamina/

Fiter, B. (2024). *Hipersexualización, pantallas y redes sociales en niños y adolescentes: pautas para toda la familia*. https://www.sexualidad-salud.com/post/hipersexualizaci%C3%B3n-pantallas-y-redes-sociales-en-ni%C3%B1os-y-adolescentes-pautas-para-toda-la-familia

Fundación Ecología y Desarrollo (ECODES) & Asociación Española de Psicología. (2023). "Ecoansiedad: Desafíos y Respuestas en el Contexto Español". Informe ECODES.

Galindo-Domínguez, H., Losada, D. (2023). "Inteligencia emocional e ideación suicida en adolescentes: el rol mediador y moderador del apoyo social". *Revista de Psicodidáctica, Volumen* 28, Issue 2, Pages 125-134.

Gallego, J. (2024). *Trastornos del aprendizaje. Estrategias y técnicas de intervención educativa.* Bilbao: Ed. Desclée De Brouwer.

Gantier Limiñani, Nataly Alicia. (2022). *La dislexia: una cuestión neuropsicológica y neuroeducativa.* Fides et Ratio - Revista de Difusión cultural y científica de la Universidad La Salle en Bolivia, 23(23), 127-148.

Garaigordobil, M., Maganto, C. (2016). "Conducta antisocial en adolescentes y jóvenes: prevalencia en el País Vasco y diferencias en función de variables socio-demográficas". *Acción Psicológica*, 13(2), 57-68.

Gómez del Pino, B. (2024). *La depresión crece en España y afecta cada vez más a jóvenes y ancianos.* https://www.ondacero.es/noticias/salud/depresion-crece-espana-afecta-cada-vez-mas-jovenes-ancianos_2024011365a2438acf867300018fc9e9.html

Greene, R. W. (2016). *Raising Human Beings: Creating a Collaborative Partnership with Your Child.* Scribner.

Harvard University Center on the Developing Child. (2023). *The Impact of Early Adversity on Children's Development.* Harvard University.

Hernández-Bello, L., Hueso-Montoro, C., Gómez-Urquiza, J. L., Cogollo-Milanés, Z. (2020). "Prevalencia y factores asociados a la ideación e intento de suicidio en adolescentes: revisión sistemática". *Rev Esp Salud Pública*; 94.

Hickman, C., Marks, E., Pihkala, P., et al. (2021). "Climate Anxiety in Children and Young People and Their Beliefs About Government Responses to Climate Change: A Global Survey". The Lancet Planetary Health.

INE (2023). *Defunciones según la causa de muerte.*

Jennings, S. (2024). *La gestión de la ansiedad social en niños y adolescentes. Actividades prácticas para reducir el estrés y fortalecer la autoestima.* Bilbao: Desclée De Brouwer.

Jiménez, J., Jiménez, A., Montes, M. (2019). *Guía de familiares en duelo por suicidio.* Comunidad de Madrid

Jiménez Pietropaolo, J. (2016). *Guía para la prevención de la conducta suicida.* Comunidad de Madrid.

Journal of Child Psychology and Psychiatry. (2023). "Long-term Psychological Impact of Parental Divorce on Children". Recuperado de acamh.org

Koplewicz, H. (2024). *Adolescentes LGBT, acoso y suicidio.* https://childmind.org/es/articulo/adolescentes-lgbt-acoso-y-suicidio/

Krug, Etienne G., Dahlberg, Linda L., Mercy, James A., Zwi, Anthony B., Lozano, Rafael (2002). *World Report on Violence and Health.* World Health Organization. https://www.who.int/publications/i/item/9241545615

Lagoa, M. (2023). *Pubertad, ¿por qué se adelanta cada vez más?* Cuidateplus https://cuidateplus.marca.com/familia/nino/2023/10/01/pubertad-adelanta-vez-mas-180807.html

Martínez, E. (2022). *¿Por qué los jóvenes se inician antes en el sexo?* Cuidateplus https://cuidateplus.marca.com/sexualidad/pareja/2022/08/31/jovenes-inician-sexo-180006.html

Martinez, G. (2023). *La crisis de identidad en la adolescencia: ¿qué es y cómo enfrentarla?* https://menteactiva.net/que-es-la-crisis-de-identidad-en-la-adolescencia/

Martinez-Mendia, X., Bacigalupe, A., Martín, U. y Barbuscia, A. (2023). "Desigualdades de género en el consumo de ansiolíticos e hipnosedantes por parte de adolescentes en España: un estudio transversal". *Rev Esp Salud Pública*, 97(3/11), e202311082.

Martín-Vivar, M. (2023). "La emoción común del miedo y su comunicación en psicología". C*omunicación y Hombre,* nº 19, pp 185-193.

MasterClass (2024). *What Is Marginalization? Types, Causes, and Effects.* Recuperado de masterclass.com

Mayo Clinic. (2022). *Dyslexia. Diseases, conditions. Symptoms and causes.* https://www.mayoclinic.org/es/diseases-conditions/dyslexia/symptoms-causes/syc-20353552

Megías Quirós, I. (2024). *Jóvenes y amistad.* Madrid: Fundación SM y Fundación Fad Juventud.

mentesabiertaspsicologia.com. *El Sentimiento de Vacío: Qué es y cómo tratarlo.* https://www.mentesabiertaspsicologia.com/tratamiento/otros-problemas/emociones/el-sentimiento-de-vacio-que-es-y-como-tratarlo

Ministerio de Derechos Sociales, Consumo y Agenda 2030. (2023). *Evolución de las medidas de protección a la infancia y la adolescencia.* Boletín 25. https://www.mdsocialesa2030.gob.es/derechos-sociales/infancia-y-adolescencia/PDF/Estadisticaboletineslegislacion/boletin25.pdf

Ministerio de Educación, Formación Profesional y Deportes (2023). Pisa 2022. *Programa para la evaluación internacional de los estudiantes.* Informe español. Madrid, INEE

Ministerio del Interior (2023). *Informe sobre la evolución de los delitos de odio.* https://www.interior.gob.es/opencms/export/sites/default/.galleries/galeria-de-prensa/documentos-y-multimedia/balances-e-informes/2023/Informe_evolucion_delitos_odio_Espana_2023.pdf

Ministerio de Sanidad. Plan Nacional de Drogas

Ministerio de Sanidad, Servicios Sociales e Igualdad. (2023). "Guía para Padres en Proceso de Divorcio: Cómo Minimizar el Impacto en los Hijos". Recuperado de mscbs.gob.es

Montagud Rubio, N. (2021). *Amistad en la adolescencia: sus características y claves psicológicas.* Portal Psicología y Mente. https://psicologiaymente.com/desarrollo/amistad-adolescencia

Montagud Rubio, N.. (2021). *Presión social: qué es, características y cómo nos afecta.* Portal Psicología y Mente. https://psicologiaymente.com/social/presion-social

Moral-Martos, A., Guerrero-Fernández, J., Gómez Balaguer, M. et al. (2022). *Guía clínica de atención a menores transexuales, transgéneros y de género diverso.* Anales de Pediatría, Volumen 96, Issue 4,Pages 349.e1-349.e11,

Moro, M. R., Carballeira, L., Elúa, A., & Radjack, R. (2021). "Los adolescentes y el mundo. Un enfoque transcultural". *Revista de la Asociación Española de Neuropsiquiatría*, 41(139), 151-169.

Murillo-Ocampo, K. I., Játiva-Macas, D. F. & Sánchez-Cuenca, J. J. (2022). "Comprensión lectora en el proceso cognitivo de los alumnos disléxicos". *Ciencia & Sociedad*, 2(1), 74-85.

National Child Traumatic Stress Network (2023). Child Neglect: Understanding and Intervening. NCTSN.

National Institute of Mental Health (NIMH). (2022). "Childhood Trauma and Divorce: Mental Health Implications". Recuperado de nimh.nih.gov

Nationalities Papers, Cambridge Core. Ethnicity and Social Exclusion.

Observatorio de la infancia (2022). *Guía para madres y padres sobre la hipersexualización de niñas y niños.* https://www.observatoriodelainfancia.es/oia/esp/descargar.aspx?id=7999&tipo=documento

Observatorio Español de las Drogas y las Adicciones. Informe sobre Adicciones Comportamentales y Otros Trastornos Adictivos 2023: Indicador admitidos a tratamiento por adicciones comportamentales. Juego con dinero, uso de videojuegos, uso problemático a internet y otros trastornos adictivos en las encuestas de drogas en España EDADES y ESTUDES. Madrid: Ministerio de Sanidad. Delegación del Gobierno para el Plan Nacional sobre Drogas, 2023.

OMS (2023). *Autismo.* https://www.who.int/es/news-room/fact-sheets/detail/autism-spectrum-disorders

OMS (2023). *Hay que actuar con urgencia para evitar que los niños y los jóvenes consuman cigarrillos electrónicos.* Comunicado de prensa. https://www.who.int/es/news/item/14-12-2023-urgent-action-needed-to-protect-children-and-prevent-the-uptake-of-e-cigarettes

OMS (2024). *Embarazo en la adolescencia* https://www.who.int/es/news-room/fact-sheets/detail/adolescent-pregnancy

Ortiz-González, María del Carmen. (2023). “Hacia una educación inclusiva. La educación especial ayer, hoy y mañana”. *Siglo Cero*, *54*(1), 11-24.

Oteíza Collante, M., Méndez, I., Santamarina Pérez, P., Romero ,S. “Los trastornos depresivos de la infancia y la adolescencia. Principales signos de alerta. Orientación para el tratamiento”. *Rev Pediatr Aten Primaria.* 2023;25:83-93.

OXFAM. *¿Qué es la inclusión educativa y cómo se puede aplicar al sistema educativo?* https://blog.oxfamintermon.org/inclusion-educativa-aplicar-sistema-educativo/

Palladino, L. J. (2015). *Parenting in the Age of Attention Snatchers: A Step-by-Step Guide to Balancing Your Child's Use of Technology.* Shambhala Publications.

Pedreira, J. L. (2024). *Mover ficha en la combinación internet, pornografía e infancia*. Redacción Médica. https://www.redaccionmedica.com/opinion/jose-luis-pedreira-massa-5992/mover-ficha-en-la-combinacion-internet-pornografia-e-infancia--3665

Peña, B. (2023). *Diferencias entre la timidez y la fobia social.* La Mente es Maravillosa. https://lamenteesmaravillosa.com/diferencias-entre-la-timidez-y-la-fobia-social/

Peña, B. (2023). *Fobia social: cuando la ansiedad y el miedo controlan tus relaciones*. La Mente es Maravillosa. https://lamenteesmaravillosa.com/fobia-social-cuando-la-ansiedad-y-el-miedo-controlan-tus-relaciones/

Pérez, F. (dir.), Mínguez, C., Soler, Á., Meneu, R., Devesa, J. E., Gómez, A. Ramos, J. y Pantoja, A. (2023). *Presente y futuro de la juventud española. Una perspectiva socioeconómica*. Bilbao: Fundación BBVA.

Pihkala, P. (2020). “Eco-Anxiety and Environmental Education”. *Sustainability*, 12(23), 10149.

Prado-Molina, D. G., Serna-Trejos, J. S., Correa-Martinez, V., & Flores-Álvarez, L. K. (2023). “Trastornos depresivos en niños y adolescentes: enfoque epidemiológico actual”. *Revista De Psiquiatría Infanto-Juvenil*, 40(3), 38–40.

PsicoTools. (2024). *La soledad no deseada en la adolescencia.* Portal Psicología y Mente. https://psicologiaymente.com/social/soledad-no-deseada-en-adolescencia

Quinatoa Santo, R. S., & Larzabal Fernández, A. (2021). "Ciberacoso y su relación con la intencionalidad suicida en adolescentes de 12 a 17 años". Pro Sciences: *Revista De Producción, Ciencias E Investigación*, 5(38), 103-112.

Rius, M. (2023). *¿Qué inquieta a la actual generación de jóvenes?* https://www.lavanguardia.com/vida/20231120/9391198/que-preocupa-futuro-jovenes-espanoles.html

Rodrigo, A. (2023). *Cómo es el maltrato infantil en España.* EFE, https://efe.com/espana/2023-04-26/maltrato-infantil-espana-violencia-adolescentes/

Rodríguez Curbelo, R. (2023). *La adolescencia, menos dramática con inteligencia emocional.* https://www.unir.net/salud/revista/adolescencia-inteligencia-emocional-experto/

Rodríguez Molinero, L. (2020). "Adicciones sin sustancia (química) en adolescentes. Historia de las adicciones. ADOLESCERE". Revista de Formación Continuada de la Sociedad Española de Medicina de la Adolescencia. Volumen VIII Nº 2

Rodríguez Molinero, L. (2022). "Autolesiones". ADOLESCERE. *Revista de Formación Continuada de la Sociedad Española de Medicina de la Adolescencia.* Volumen X Nº 3

RTVE (2024). *Los trastornos de la conducta alimentaria aumentan entre los menores.* https://www.rtve.es/noticias/20240331/trastornos-conducta-alimentaria-aumentan-entre-menores-vemos-pacientes-incluso-nueve-anos/16038616.shtml

Ruiz de Guino, A. (2023). *Crisis de identidad en la adolescencia: cómo identificarla y tratarla.* https://canalsalud.imq.es/blog/crisis-identidad-adolescencia

Ruíz Lázaro, P.M. (2022). "Trastornos del comportamiento alimentario". *Pediatría Integral* XXVI (2): 76 – 82. https://www.pediatriaintegral.es/publicacion-2022-03/trastornos-del-comportamiento-alimentario-2022/

Ruiz-Ortega, A., & Berrios-Martos, B. (2023). "Revisión sistemática sobre inteligencia emocional y bienestar en adolescentes: evidencias y retos". *Escritos de Psicología – Psychological Writings*, 16(1), 15-32.

Rull, A. (2023). *Impulsividad en adolescentes: así puedes trabajarla.* https://www.elperiodico.com/es/ser-feliz/20230508/impulsividad-adolescentes-trabajarla-dv-86847517

Sabater, V. (2022). *El sentido de la vida según Viktor Frankl.* https://lamenteesmaravillosa.com/el-sentido-de-la-vida-segun-viktor-frankl/

Sande, J. A. (2023). *Educación emocional en la infancia.* Bilbao: Ed. Desclée De Brouwer.

Sans, A., Boix, C., Colomé, R., López-Sala, A., Sanguinettia, A. (2017). *Trastornos de Aprendizaje.* Pediatría Integral 2017; XXI (1): 23-31.

San Juan, C. (2020). *Informe (Des)información sexual: pornografía y adolescencia.* Save the Children. https://www.savethechildren.es/informe-desinformacion-sexual-pornografia-y-adolescencia.

Save the Children España (2023). Exclusión Social y Pobreza Infantil en España.

Simón, P. et al (2021). *Informe Juventud en España.* INJUVE.

Sirvent, C.M. et al. (2023). *Guía de adicciones comportamentales.* Fundación Instituto Spiral.https://drogodependencias.femp.es/sites/default/files/Guia-adicciones-comportamentales.pdf

Sola Garcia, M. (2020). *Guía básica sobre diversidad sexual y de género.* Instituto Navarro para la Igualdad. https://www.igualdadnavarra.es/imagenes/documentos/-235-f-es.pdf

Torres, A. (2023). *La OCDE alerta de que la difícil transición de los jóvenes a una vida adulta independiente lastra el potencial de España.* https://elpais.com/sociedad/2023-10-25/la-ocde-alerta-de-que-la-dificil-transicion-de-los-jovenes-a-una-vida-adulta-independiente-lastra-el-potencial-de-espana.html

UNESCO (2023). *Qué debe saber acerca de la inclusión en la educación.* https://www.unesco.org/es/inclusion-education/need-know

UNICEF España (2022). Informe sobre la Infancia en España 2022: Impacto de la pobreza en la infancia.

UNICEF (2023). *8 Orientaciones para poner límites en la adolescencia.* https://www.unicef.org/uruguay/crianza/adolescencia/8-orientaciones-para-poner-limites-en-la-adolescencia

UNICEF (2023). *Autolesiones.* https://www.unicef.org/elsalvador/historias/autolesiones

UNICEF España. (2023). *Informe del Observatorio de la Infancia*, Ministerio de Derechos Sociales y Agenda 2030.

Urra, J. (2006). *El pequeño dictador. Cuando las víctimas son los padres.* Madrid: La Esfera de los Libros.

Urra, J. (2018). *Déjale Crecer. O tu hijo, en vez de un árbol fuerte será un bonsái.* Madrid: Edit. La Esfera de los Libros.

Urra, J. (2019). *La huella de la despersonalización.* Madrid: Morata

Urra, J. (2020). *¡Déjame en aaz…y dame la paga!* Madrid: Edit. Harper Collins.

Urra, J. (2021). *Adicciones. Voluntad secuestrada.* Madrid: Edit. CEPE.

Urra, J. (2021). *Adopción. Hijos del corazón.* Madrid: Edit. CEPE.

Urra, J. (2021). *Redes sociales. Oportunidades y riesgos.* Madrid: Edit. CEPE.

Urra, J. (2021). *Sobreprotección. Dejemos volar… con amor.* Madrid: Edit. CEPE.

Urra, J. (2022). *Cuando la salud mental quiebra.* Madrid: Edit. Díaz de Santos.

Val, Alba, & Míguez, M. Carmen. (2021). "La prevención de la conducta suicida en adolescentes en el ámbito escolar: una revisión sistemática". *Terapia psicológica*, 39(1), 145-162.

Vázquez, P., et all. (2023). "Autolesiones y conducta suicida en niños y adolescentes. Lo que la pandemia nos ha desvelado". *Anales de Pediatría.* Volumen 98, Issue 3, Pages 204-212.

Voltas, N., Canals, J. (2018). "La depresión en la adolescencia ¿Un problema enmascarado?". *Revista de Estudios de Juventud*, Nº. 121, págs. 25-43.

Zuppardo, L., Rodríguez Fuentes, A., Pirrone, C. y Serrano, F. (2020). "Las repercusiones de la dislexia en la autoestima, en el comportamiento socioemocional y en la ansiedad en escolares". *Psicología Educativa*, 26(2), 175-183. https://doi.org/10.5093/psed2020a4

Títulos recomendados

Colección: A los cuatro vientos

ISBN: 978-84-330-3246-1

Páginas: 248

Encuadernación: Rústica con solapas

Formato : 15 x 21 cm

Edición: 1ª

Javier Urra

La vida íntima

Javier Urra se adentra en la exploración de la condición humana en su último libro, La vida íntima. Como destacado psicólogo clínico, Urra nos lleva en un viaje hacia la comprensión de un fenómeno que plantea: el desencantamiento del mundo y el sufrimiento que esto conlleva, todo ello enraizado en la creciente desconexión de la trascendencia.

El autor se distancia de la tendencia a divinizar el yo interior y, en lugar de ello, nos desafía a adentrarnos en nuestro yo profundo. Nos recuerda que, con frecuencia, lo que expresamos en palabras oculta lo que realmente sentimos y pensamos. Nos invita a la sinceridad con nosotros mismos, un camino hacia la autorreflexión y la comprensión de nuestra propia esencia.

La vida íntima se convierte así en un faro que ilumina el viaje interior, inspirándonos a explorar las profundidades de nuestra psicología y espiritualidad, uniendo la mente y el alma en la búsqueda de la autenticidad y la verdad personal. Este libro no solo es una lectura apasionante, sino también una guía para aquellos que desean adentrarse en su propio ser con honestidad y comprensión.

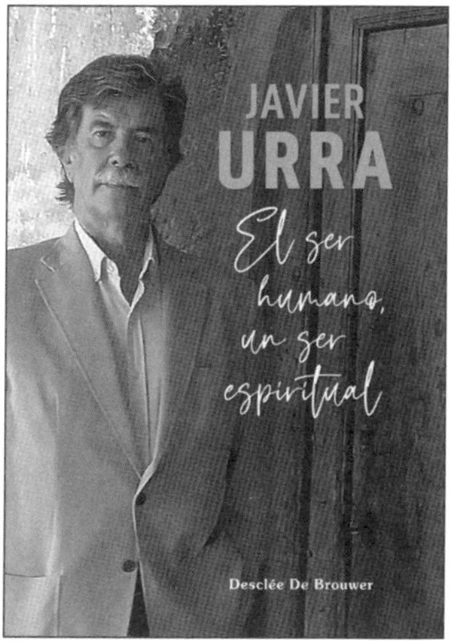

Colección: A los cuatro vientos
ISBN: 978-84-330-3177-8
Páginas: 220
Encuadernación: Rústica con solapas
Formato : 15 x 21 cm
Edición: 1ª

Javier Urra

El ser humano, un ser espiritual

Los seres humanos somos una realidad bio-psico-socio-cultural-espiritual. Poseemos, más allá del cerebro, la mente, la conciencia, una extraordinaria capacidad para interpretar el mundo y darle respuesta.

Este libro diferencia espiritualidad de religión, pero no las enfrenta, acompaña en una búsqueda honesta, no presa de sectarismo confesional, ni de dogmatismo escéptico. Incide en que el amor da sentido a la vida, que soy un ser en el mundo con los demás y para los demás.

Como psicólogo que gusta de observar conductas y de indagar en sus motivaciones, Urra comparte experiencias de pacientes que le han mostrado que el ser humano sufre, que el tiempo no todo lo cura, y que la mente humana escapa en alguna de sus dimensiones al método de estudio empleado.

Finalmente, argumenta la necesidad de terapia de sentido en adultos y de dotar a los niños de una dimensión espiritual.

Ojalá muchas personas descubran este libro, una extraordinaria reflexión de vida que puede ayudar a muchos lectores.

Colección: AMAE
ISBN: 978-84-330-3263-8
Páginas: 208
Encuadernación: Rústica con solapas
Formato : 15,5 x 21,5 cm
Edición: 1ª

Pedro Valentín-Gamazo

Entre la fuerza y lo vulnerable

Acompañamiento a los hijos nacidos prematuros desde el parto a la adolescencia

Existe un gran espacio por cubrir en el acompañamiento a los bebés prematuros y a sus familias, más allá del paraguas de la atención sanitaria de los dos o tres primeros años. Son muchas las dificultades psicológicas, relacionales y emocionales que, a menudo, se encuentran las personas que acompañan a niños y adolescentes que nacieron de forma prematura: la puesta de límites, la gestión de las rabietas y la frustración, los duelos, el control de impulsos, la autorregulación emocional, la respuesta al estrés o la angustia y la ansiedad latentes, entre otras.

Este libro recoge y analiza esas y otras muchas dificultades, comunes a diferentes personas que nacieron prematuramente, y propone cómo abordarlas, tanto de forma preventiva como una vez que ya están presentes, desde la primera infancia hasta la adolescencia, con la firme intención de ayudar a padres, abuelos y profesionales del ámbito educativo y de la salud que les acompañan en el camino.

Este libro es también una invitación a aquellas personas, ya adultas, que en su día llegaron al mundo de forma prematura, para que vuelvan sobre su historia con otra mirada, tierna, comprensiva y compasiva. Una mirada amable.

Colección: AMAE
ISBN: 978-84-330-3270-6
Páginas: 242
Encuadernación: Rústica con solapas
Formato : 15,5 x 21,5 cm
Edición: 1ª

Corinna Laurie

Estrategias sensoriales y motoras

Formas prácticas de ayudar a los niños y jóvenes autistas a aprender y a tener éxito

Si de verdad queremos eliminar las barreras al aprendizaje, necesitamos profesores bien informados en las aulas. En este libro, Corinna equilibra las últimas investigaciones sobre las dificultades de procesamiento sensorial con lecciones y estrategias educativas específicas. Es una lectura obligada para cualquier profesional que trabaje en el campo de las necesidades educativas especiales.

Lea este libro y aprenda de una de las mejores.

Emma Sanderson, Outcomes First Group

En esta tercera edición totalmente revisada, Corinna Laurie expone estrategias prácticas para ayudar a los niños autistas a desarrollar sus habilidades sensoriales y motoras. Aprenda a identificar posibles retos, a reconocer los signos de sobrecarga y a trabajar de forma coproductiva con su alumno o hijo, desarrollando estrategias de regulación sensorial y mejorando las habilidades motoras para favorecer el bienestar.

Las actividades, sencillas y de bajo coste, ofrecen soluciones prácticas para ayudar a los niños a hacer frente a las exigencias de cualquier situación, desarrollando habilidades que van desde la escritura a mano y el uso de tijeras hasta la mejora de la postura, la coordinación y la planificación motriz. Las estrategias sensoriales incluyen técnicas tranquilizadoras y sencillas modificaciones del entorno para evitar el agobio, entre otras muchas.

Se trata de un recurso esencial para cualquier persona que trabaje con niños autistas, ya que ayuda a mejorar las capacidades funcionales y permite que los niños prosperen y adquieran independencia.

AMAE

Directora: Loretta Cornejo Parolini

ÚLTIMOS TÍTULOS PUBLICADOS

Adolescencia: mitos y enigmas, por Gerardo Castillo Ceballos

Sal de tu mente y entra en tu vida para adolescentes. Una guía para vivir una vida extraordinaria, por Joseph V. Ciarrochi, Louise Hayes, Ann Bailey (2ª ed.)

Trastornos de alimentación y autolesiones en la escuela. Estrategias de apoyo en el medio escolar, por Pooky Knightsmith

20 ideas básicas para ayudar a crecer a tus hijos. Cuaderno de notas, por Chandra Atkinson

Mírame, siénteme. Estrategias para la reparación del apego en niños mediante EMDR, por Cristina Cortés Viniegra (7ª ed.)

Educar entre dos, por Pilar Guembe y Carlos Goñi

Educando la alegría, por Pepa Horno Goicoechea (2ª ed.)

La armonía relacional. Aplicaciones de la caja de arena a la traumaterapia, por José Luis Gonzalo Marrodán y Rafael Benito Moraga (2ª ed.)

La magia está en tu interior. Meditación para niños, guía para padres, por Patricia Zubizarreta Canillas

Conversando con Erik. Una mirada gestáltica y relacional en la terapia y educación con niños y adolescentes, por Loretta Zaira Cornejo Parolini y Erik Baumann Cornejo

El convivenciario. Cuentos con valor, por Juan Lucas Onieva López

La danza de las emociones familiares. Terapia Emocional Sistémica aplicada con niños, niñas y adolescentes, por Mercedes Bermejo Boixareu (2ª ed.)

Adopción, trauma y juego. Manual para tratar a los niños adoptados y maltratados a través del juego, por Montse Lapastora y Noelia Mata (2ª ed.)

Técnica de Reparentalización con Muñecos. Juanita y el despertar del Niño resiliente que todos llevamos dentro, por Alicia Gadea

El eneagrama infantil. Amar su cambio, apoyar su proceso, comprender su carácter, por Luis Arribas de la Rubia (2ª ed.)

El juego de conocerse. Un método de desarrollo integral del niño, por Marcela Çaldumbide, Ainhoa Uribe, Sara Veneros

Cuentos con emoción, por Eugenio Maqueda Cuenca, Juan Lucas Onieva López

Cuentos para sanar y crecer felices. Autoestima y ansiedad, por María Azucena Villén

Musicoterapia. Abordaje de Salud mental infanto juvenil, por Miguel Ángel Diví

El daño que se hereda. Comprender y abordar la transmisión intergeneracional del trauma, por Carlos Pitillas Salvá (4ª ed.)

Poniendo alma al dolor. Intervención terapéutica con niños, niñas y adolescentes víctimas de abuso sexual infantil, Coordinación: Pepa Horno Goicoechea; y Elena González Hernández - Carolina Moñino Bermejo - Carmen Ruiz Hernández

Psicología del bebé adoptado, Montse Lapastora

Última llamada en la frontera. Prevención de las conductas suicidas en adolescentes, Francisco Javier Díaz Calderón

La magia de los niños. Guía práctica para educar en la vida real, Gemma Díaz Ruiz

"Mamá, me he parado por dentro". Cómo cuidar el motor interior de tu hijo, Marina Escalona del Olmo

Hijos emperadores, padres que obedecen. Cómo manejar los límites en la crianza, Bernardo Ramallo

Infancia bien tratada, adolescencia bien encaminada, Leticia Garcés (2ª ed.)

Cuaderno de trabajo de *mindfulness* para adolescentes. Habilidades poderosas para encontrar la calma, desarrollar la autocompasión y aumentar la resiliencia, Patricia Rockman, MD, Allison McLay, DCS, M. Lee Freedman, MD

Cerebros moldeando otros cerebros. Cómo las relaciones interpersonales guían la evolución del cerebro infantil adolescente desde el nacimiento, Rafael Benito Moraga

La gestión de la ansiedad social en niños y adolescentes. Actividades prácticas para reducir el estrés y fortalecer la autoestima, Sue Jennings

Entre la fuerza y lo vulnerable. Acompañamiento a los hijos nacidos prematuros desde el parto a la adolescencia, Pedro Valentín-Gamazo Valle

Estrategias sensoriales y motoras. Formas prácticas de ayudar a los niños y jóvenes autistas a aprender y a tener éxito, Corinna Laurie

Los ancestros hablan. El transgeneracional, las Constelaciones Familiares y los muñecos en la sesión individual. Teoría y casos prácticos, Isabel Jiménez Caballero - Ana María Román Leo

Cuaderno del trabajo de la autocompasión para niños. Actividades divertidas de mindfulness para desarrollar la fuerza emocional y convertir la amabilidad en tu superpoder, Lorraine M. Hobbs, MA • Amy C. Balentine, PhD

Hijos: prevención de riesgos, Javier Urra

AMAE
ILUSTRADA

¿Cómo puedo salir de aquí?, por Cristina Cortés Viniegra

Los Abracadabrantes de Bojiganga y las emociones desbordadas, por Mª José Lamas

Psicopatología infantil, por Georgia Ribes y Roberto Calvo

Mi familia me hace feliz, por Monse Lasconi

Mirándome con amor, por Noelia Mata, Montse Lapastora, Raquel Fariñas

Cuéntame cuando sí anidé en una tripa y sí nací, por Cristina Cortés Viniera, Lorea Larraya - June García

El invernadero semillero, Cristina Cortés Viniegra, Zuzene Seminario

Esculpiendo palabras en la arena, Cristina Cortés Viniegra, Zuzene Seminario